自律的な「生き方」を創る道徳教育

栩澤 実［著］

東洋館出版社

はじめに

自律的な「生き方」を創る道徳教育

　「自律的に生きる」とは、どのように生きることであろうか。筆者は、「まわりに流されずに、自分の生き方ができること」であると考える。具体的には、

- ・自分の考えを持つこと
- ・自分で判断すること
- ・自分の言葉で表現すること
- ・自分で行動すること
- ・自分で責任をとること

など、兎に角、いつも言いなりの状況に埋没し良しとするのではなく、

> **自分が、自分を主体として生きていくこと**

と、ここでは捉えておく。

　では、「まわりに流される」とは、どういうことなのか。上述の反対であるから

- ・自分で考えない、つまりは思考しない
- ・自分で判断しない、つまり他人任せ
- ・自分で発言しない、つまり意思表示しない（発言の仕方がわからない場合を除く）
- ・自分で行動に移さない、つまり行動しない（行動の仕方がわからない場合を除く）
- ・自分で責任を取らない、つまりは無責任、他人事

ということになる。

そして、この状況からは、

> 無関心、思考停止、他律的、他人任せ、同調行動……

といった言葉が浮かんでくる。

　また、このような言葉には、右往左往、不安、心配、……がついて回るのではないだろうか。

　筆者は、ここ2、3年の日本の状況と、改めてその中で生活してきた自分をはじめ、まわりの人々や社会の様子を振り返ると、何事にも、まさに型という枠の中で、堅苦しさを強烈に感じつつも、そこに疑問を呈するのではなく、流れに任せて生きる姿に、言い知れぬもどかしさを抱く者の一人である。

　これからの社会は、加速度的に変化し、先行き不透明であり、いつ、どこで、何が、どのように起こるのかわからない時代であると言われる。それは、グローバル化や情報化に伴う課題、少子高齢化や人口減少に関わる課題、食や貧困、健康被害、国民医療に関わる課題、格差社会、年金制度、災害…等様々な課題からも想像がつく。そして、これらの課題は、さらに高度化、多様化、複雑化の様相を呈し、

> 「想像（予想）することのできない」、
> 「既存の理論や根拠、これまでの正解が通用しない」、
> 「一学問分野の知見では対応できない」、
> 「答えが一つでない・簡単には答えのでない」、
> 「今までの生き方や考え方を転換させられるような」

課題と言える。このような課題が山積している社会で、自分を見失うことなく、たくましく生きていくためには、自律的に生きる、すなわち上述した、

> 自分が、自分を主体として生きていくこと

のできるような力が必要であると考える。

　それは、特別なことではなく、これまでもしばしば指摘されてきた、

> 全てを鵜呑みにせず、物事を批判的に見て、自分で真実を追求・追究
> し考える、そして言動に移す力

であると言え、中でも、批判的に思考する力が重要となる。

　まずは、「何か変だ」「どうも気になる」「何かが引っかかる」という感
覚を大切に、「まさか、そんなことはあるはずがない」という思い込みに、
「待てよ、本当だろうか」と疑問をもって真実を探ることから始めたいと
いうことである。

　「自分は、まさか○○になるとは思わなかった」「普通は、あり得ない。」
ということを疑わずして、例えば、多発する詐欺の被害を受ける現実にど
う向き合うのか。これからは、先行き不透明なのだから、すぐに解決でき
ない課題が多い世の中なのだから、「あり得る」「色々と考えられる」とい
う前提で、見たり、聞いたり、考えたり、判断したり、行動したりする必
要がある。

　つまり、

> 既にある、自明のこととして提示され主張されたことを多様な視点か
> ら批判的に考え、**自律的な「生き方」につなげること**

を大切にしたいということである。

　現代社会では、皆同じ行動をしていれば安心という風潮がある。しかし、
同じ行動の根拠や目的自体が間違っていた場合、その行動自体が間違いと

なる。(やってみないとわからないということを否定しているのではない。考えた結果として同じ行動を取る人が多いということも、もちろんある。何も考えずに、ただ従うということからの脱却を指している。)

　疑うことを欠いた取組の先には、権威主義や同調行動、同調圧力、そして、お決まりのことしか行えない思考停止状態が待っている。はじめから、取組の方向が決まっていることに、疑問を感じる必要がある。それが真実を探る眼であり、騙されない見方を養っていくことにつながると考える。

　特に、「これが絶対である」や「これは権威がある」という前提の事象においては、批判的思考が働きにくく、あるいは、批判的思考をさせないという思考停止状態に陥る状況が作り出されているという気付きを大切にしたい。

　これからの加速度的に変化する社会において、この思考停止状態では、自分のよさを生かし自律的に生きていくことはできない。だからこそ、何が起こるのかわからない状況においても柔軟に対応し、自らの解決策によりたくましく生きていくために**自律的な「生き方」のできる**(「生き方」を創る)児童生徒を育む必要がある。そのためには、今次学習指導要領にみる「学びに向かう力や人間性」を根幹とし、「知識及び技能」や「思考力、判断力、表現力等」という資質・能力を身に付け、多方面と関わることで現実社会とのつながりを意識し批判的に考え活用できる学びの創造が欠かせない。

　そして、根幹としての「学びに向かう力や人間性」は、主体たる自分の「生き方」を創るために重要な考えや道徳性と関わるものであるから、今後の目指す道徳教育の在り方として**自律的な「生き方」を創る**という視点は、大変重要なものと考える。

　このような考えを基に、本書では、まわりに流されない**自律的な「生き方」を創る道徳教育**(もちろん、これまでの様々な優れた先行実践を否定するものではない。)として、具体的に、どのようなことに留意し、どのような考え方や実践を大切にしたいのかを5つの観点でまとめている。5

つの観点は、【Ⅰ 自律的な「生き方」と道徳教育】【Ⅱ 自律的な「生き方」を創る道徳性の発達】【Ⅲ 自律的な「生き方」創る道徳科授業づくり】【Ⅳ 自律的な「生き方」を創る情報モラル教育】【Ⅴ 自律的な「生き方」を創る道徳科の評価】である。

　未来を生きる子どもたちにとって必要な教育は、自分自身の**自律的な「生き方」を創る**ための教育であると考える。その根幹となる道徳教育の充実を図るために、「令和の日本型教育」として示された「個別最適な学び」と、それらの学びの一体的な充実を図る「協働的な学び」は、対話を通して批判的に思考し、自分ごととして考え「生き方」を見つめるとともに、**自律的な「生き方」を創る**上でも重要な学びと言える。

　教員養成大学の学生が、このような学びを大切にし、講義や演習等で活用するために本書を執筆したが、学校現場の教師の皆さんにとっても、今後の道徳教育の在り方について考え創造し、**自律的な「生き方」を創る**取組のヒントになれば幸いである。

目 次

はじめに／自律的な「生き方」を創る道徳教育 ……………………………………………… iii

Ⅰ　自律的な「生き方」と道徳教育

第 1 章　自律的な「生き方」を考える道徳教育と「生きる力」 ……… 2

1 道徳とは ……………………………………………………………………………… 2

2 学校教育で目指す「生きる力」と「生き方」 ……………………………………… 4

3 自律的な「生き方」とは …………………………………………………………… 7

第 2 章　道徳教育の現状・課題と他教科等との関係 ……………… 16

1 道徳教育の現状と課題 ……………………………………………………………… 16

2 全教育活動を通じた道徳教育、道徳科と他教科や領域との違い ……………… 21

第 3 章　自律的な「生き方」を創る　「主体的・対話的で深い学び」 …… 27

1 「主体的・対話的で深い学び」の実現に向けた授業改善の推進 ……………… 27

2 「生き方」を創る対話における行動と省察 ……………………………………… 29

3 道徳科における「対話」を重視した授業改善 …………………………………… 32

4 「対話」の活性化に生かすアサーション・トレーニング ……………………… 34

Ⅱ　自律的な「生き方」を創る道徳性の発達

第 4 章　道徳性の特徴と育成上の留意点 ……………………………… 40

1 道徳性とは …………………………………………………………………………… 40

2 児童の発達段階に応じた道徳性の特徴と留意点 ……………………………… 42

第 5 章　道徳性の認知的発達理論と「生き方」 47

1　道徳性の認知的発達理論 47
2　「生き方」の形成に生かす道徳性の認知的発達理論 50

Ⅲ　自律的な「生き方」を創る道徳科授業づくり

第 6 章　道徳科授業づくりの留意点と学習指導案作成方法 66

1　道徳科授業づくりの留意点 66
2　道徳科学習指導案作成方法 68

**第 7 章　自律的な「生き方」を創る
　　　　　「主体的・対話的で深い学び」の実践例** 75

1　読み物教材の登場人物への自我関与が中心の学習に関わる授業 75
2　問題解決的な学習に関わる授業 77
3　道徳的行為に関する体験的な学習に関わる授業 82
4　価値葛藤教材による対話（ディスカッション）を生かした学習に関わる授業 90
5　とことん対話する「哲学対話」による授業 104
6　体験活動を生かした授業 116
7　地域との連携を図った人材活用による授業 121

Ⅳ　自律的な「生き方」を創る情報モラル教育

第 8 章　情報モラルと道徳教育 130

1　情報モラルに関わる留意点と批判的思考 130
2　情報への向き合い方 136

第 9 章　検索エンジン等の活用に関わる実践上の視点 139

1　検索エンジン１種類のみ活用 139
2　検索エンジン２種類活用 140
3　検索エンジンのみならず、ツイッターやユーチューブ等を活用 142

Ⅴ 自律的な「生き方」を創る道徳科の評価

第10章

道徳科学習評価の考え方や方法と留意点 ································ 146

- **1** 道徳科の学習評価の考え方と方法 ································ 146
- **2** 通知表への記述と留意点 ································ 153

第11章

評価の位置付けと見取る成長の様子 ································ 157

- **1** 評価の位置付けと見取り ································ 157
- **2** 記録の蓄積から見取る成長の様子 ································ 160

終　章　自律的な「生き方」を創る教師の姿勢 ················· 167

- **1** 学び続ける教師の省察 ································ 167
- **2** セルフスタディの特徴を日常実践に生かす ················· 169

おわりに / 自律的な「生き方」を創るために ················· 172

I

自律的な「生き方」と
道徳教育

自律的な「生き方」を
考える道徳教育と「生きる力」

■1 道徳とは

　まず、道徳とはについて、その語意から考えてみる。道徳（moral）の原語は、ラテン語の mores（複数形、単数形は mos）で、「習俗、習慣、風俗」を意味する。以下、辞典等による語意の解説を示す。

　『日本語源広辞典』（ミネルヴァ書房）では、中国語で「道（人の道）＋徳（真っ直ぐな心で進む）」が語源。「人の踏み行うべき行為の基準」、「英語 moral の訳語として、明治期に当てた語」と解説している。

　また、『日本国語大辞典』（小学館）では、「人間がそれに従って行為すべき正当な原理（道）とその原理に従って行為できるように育成された人間の習慣（徳）。はじめ慣習、風習、習俗の中に現れるが、人間の批判的な自覚の高まりとともに、慣習や習俗を批判し反省しながら、慣習から分化した精神的規範や基準として現れる」と解説し、『日本語大辞典』（講談社）では、「人の踏み行うべき正しい道。良心や社会の規範を基準にして自分の行為や考え方を決め、善を行わせる理法、徳行」と解説している。

　そして、『教育大辞典 4』（第一法規）では、道徳の本質について、「人間はもともと共同生活者であるが、共同生活を可能にしている決まりが道徳である。人間の生活が先にあって、後から道徳が発生したというようなものではない。普通の人間生活とは別に道徳的な生活という特別のものがあるわけではない」、「『道徳』の字義は、『道』は、

人間の歩く通路を意味するところから、人間の守るべき秩序を意味することとなり、『徳』は、この秩序を頭の中でわかっているだけではなく、容易に実行できるまでに身に付いていることを意味している」と解説している。

これらの道徳の語意は、「道」が、行為すべき正当な守るべき秩序、原理のことで、「徳」は、その秩序や原理に従って実行できるまでに身に付いていることを表している。（波線は筆者。以下同様。）

さらに、ジェームズ・レイチェルズ、スチュアート・レイチェルズ著『現実をみつめる道徳哲学』（次田憲和訳、晃洋書、2003年）では、以下のように述べている（注1）。

少なくとも道徳とは「理由によって行為を導く努力」である。つまり、最良の理由があることを行おうとする努力なのだ。ただし、当該行為の影響を受ける各人の利益を等しく考慮しなくてはならない。これは「良心的な道徳的行為者であるとはどういうことか」を示している。良心的な道徳的行為者とは、当該行為によって影響を受ける全員の利益に公平な関心を持ち、事実を注意深く選り分け、その合意を吟味し、正当性を精査せずに行為の諸原理を受け入れることなく、自らの信念の改訂を要することになろうとも進んで「理由に耳を傾け」、最後にこうした熟慮に基づいて行為しようとする──まさにそんな人なのである。

このことから、道徳とは、単に行為の諸原理を受けいれた行為ではなく、公平さや正当性という点からの吟味や熟慮に基づいた行為であるという点も捉えておく必要がある。

以上のことから、人は生きていく上で様々な状況に置かれたとき、単にその時の気分で勝手に表現したり、考えずに行動したりするのではなく、

　　自分の行為が、「道」と言われる守るべき秩序や原理に照らし合わせたとき、正当で公平であるのかについての吟味や熟慮を経て、自ら判断し、表現したり、行動したりできる「徳」にまでつなげていくこと

が、自分本来の「生き方」を考える道徳につながると捉えることができる。

2 学校教育で目指す「生きる力」と「生き方」

　『小学校学習指導要領（平成 29 年告示）解説　特別の教科　道徳編』の第 1 章 総説 1「改訂の経緯」では、道徳教育に求められていることについて、以下のように記述されている（注 2）。

　　〔…〕道徳教育においては、人間尊重の精神と生命に対する畏敬の念を前提に、人が互いに尊重し協働して社会を形づくっていく上で共通に求められるルールやマナーを学び、規範意識などを育むとともに、人としてより良く生きる上で大切なものとは何か、自分はどのように生きるべきかなどについて悩み、葛藤しつつ、考えを深め、自らの生き方を育むことが求められる。

　この記述からは、社会を形づくっていく上で共通に求められるルールやマナー、規範に無条件に思考せずして迎合するのではなく、人としてより良く生きる上で他者を尊重し協働することで、大切なものや自らの「生き方」を探りながら自立した人間としての人格形成が求められている。そして、道徳教育の役割については、以下のように述べている（注 3）。

　　今後グローバル化が進展する中で、〔…〕人間の幸福と社会の発展の調和的な実現を図ることが一層重要な課題となる。こうした課

題に対応していくためには、社会を構成する主体である一人一人が、高い倫理観をもち、〔…〕多様な価値観の存在を認識しつつ、自ら感じ、考え、他者と対話し協働しながら、より良い方向を目指す資質・能力を備えることがこれまで以上に重要であり、〔…〕道徳教育は、大きな役割を果たす必要がある。このように、道徳教育は、人が一生を通じて追求すべき人格形成の根幹に関わるものであり、同時に、民主的な国家・社会の持続的発展を根底で支えるものである。また、道徳教育を通じて育成される道徳性〔…〕は、「豊かな心」だけでなく、「確かな学力」や「健やかな体」の基盤ともなり、**「生きる力」を育むために極めて重要なもの**となる。

さらに、『小学校学習指導要領（平成29年告示）解説　総則編』の第3章第1節の3「育成を目指す資質・能力」の③学びに向かう力、人間性等を涵養することの中で、以下のように述べている（注4）。

児童が「どのように社会や世界とかかわり、よりよい人生を送るか」に関わる「学びに向かう力、人間性等」は、他の二つ（「知識及び技能」、「思考力、判断力、表現力等」）の柱をどのような方向性で働かせていくのかを決定づける重要な要素である。

この記述からは、様々な課題の解決に向け、感じ、考え、自分とは異なる他者との対話を通して協働しながら、一人一人が高い倫理観にしたがってより良い道を見出していくという**「生き方」**やその中心的な役割を果たす道徳教育の重要性を指摘していることが、理解できる。そして、道徳教育を通じて育成を目指す道徳性は、人間としてよりよく生きようとする人格特性であり、「豊かな心」だけではなく、「確かな学力」や「健やかな体」の基盤として、**「生きる力」**を育むために極めて重要であると位置付けているのである。この関係について、安彦忠彦氏の著書『「コンピテンシー・

ベース」を超える授業づくり』の以下の記述（注5）から考える。

　　　「人格形成」が全体で、「学力形成」は部分だ〔…〕精神医学者 V・
　　E・フランクルは、人間を外から内へ、「身体」「心理」「精神」の三
　　層から成る存在と考えました。〔…〕「人格」は広義には全体を指す
　　とともに、狭義にはその中核に位置する「精神的主体」を指すもの
　　であり、他の「心理」と「身体」はそれによって支配される「道具的
　　客体」と見なされます。つまり、「身体・心理」に関わる「能力」、
　　ひいてはその一部である「学力」は、「精神的主体」たる「人格」に
　　よっていかようにも用いられる「手段」なのです。

　そして、安彦氏はカント的意味において「人格」について、同著書で、
以下のように説明している（注6）。

　　　「人格」は主体・目的であり、「能力」「学力」は客体・手段だと位
　　置づけることが重要だと考えます。能力・学力は手段視できますが、
　　人間人格を、けっして何かの、また誰かの手段視してはならないと
　　いうことです。この意味で「人格形成」は「主体形成」であり、「学
　　力形成」は「手段形成」に過ぎない、〔…〕いくら手段を優れたもの
　　にしても、それを使う主体・人格が優れていなければ、社会的には
　　正しく生かされない、ということを強調したいのです。

　つまり、言葉巧みでコミュニケーション能力も高い、ある部分における
専門的な知識も豊富だけれども、性根が腐っており、他人からお金を騙し
取る手段として、それらの「能力」や「知識」等を活用する人間が、残念
ながら出現することにもつながる場合も多々ある。やはり、「精神的主体」
たる「人格」の形成を根幹に据えた教育をしっかりと行っていくことが重
要であると言える。

③ 自律的な「生き方」とは

　なぜ、自律的な「生き方」を学び、創る必要があるのか。それは、現状を振り返ると明確である。他人の言うとおりにする、社会の動向を追究せず、同調思考、同調行動、つまりは思考しない（思考停止）で生きることに慣れてしまっている「生き方」に、終止符を打つためである。これからの世の中は、先端技術の高度化等により、あらゆるものが劇的に変わる時代へと進んでいる。情報機器の進化も計り知れず、また、新たな技術が次々と生み出され、これまでの私達の概念を覆すような事実を目の当たりにする機会も増えてくるにちがいない。一方で、健康を脅かす状況は社会や経済に大きな影響を与え、先行き不透明で不安だらけの生活を強いている。

　つまり、激変する社会では、予測困難な事象が多く私たちの想像を絶する次元にまで及ぶことが想定されるのである。その時、私たちは恐怖におののき、不安な気持ちに苛まれ、苦しむこともあると考える。特に、情報を鵜呑みにして想像の世界に支配され、個を失い消極的な行動に陥りがちになってはいないだろうか。言われる通りに行動するのは、人としての本来的な「生き方」からは、ほど遠い。むしろ、混沌とした世界で生きることが当たり前であり、だからこそ自律した人間として生きていく、自律的な「生き方」が必要なのである。

　私たちは、答えのない、予想のできない問いを前に、どのように考え行動しなければならないのであろうか。まずは、これまでの知識や理解・技能、既存の理論に頼るだけでは、あるいは、単に世間一般の言動を鵜呑みにした同調行動で対応できないことは、自明のこととして自覚し続ける必要がある。そして、自分を見失うことなく、思考を止めることなく、自分の「生き方」でたくましく生きていくという自覚をもつことを大切にしたいのである。世界の常識が日本の非常識であったり、肝心な真実を自分なりに追究せずして従ったりという「生き方」からの脱却を意味している。

　「生き方」を学ぶ、自分が「生きる」ということを自覚すること、そのた

めに、自分で考えるという行為を続けることである。このことは、自分一人で勝手に考えるということではない。中央教育審議会答申「『令和の日本型学校教育』の構築を目指して〜全ての子供たちの可能性を引き出す、個別最適な学びと協働的な学びの実現〜（答申）」（2021）第Ⅰ部 総論「1. 急激に変化する時代の中で育むべき資質・能力」の中で示されているように、「自分のよさや可能性を認識するとともに、あらゆる他者を価値ある存在として尊重し、多様な人々と協働しながら様々な社会的変化を乗りこえ、豊かな人生を切り拓き、持続可能な社会の作り手となること」（注7）、つまり、自分以外の**自分とは異なる他者と協働する**ことが重要なのである。自律的な「**生き方**」を創るとは、真実を追究し、様々な価値について協働しながら、自分なりの考えを持つこと、その結果として単に同調するのではなく、騙されない自分を創ること、そして新たなことやものを創造しながら生きていくことであると言える。そのような人が、加速度的に変化し先行き不透明な時代をたくましく生き抜いていくことができると考える。

　そこで、「生きる力」を育む「**生き方**」について考えてみる。

　「**生き方**」とは一般的には、生活の方法や人生に対する価値観や態度、姿勢、進路といったことを意味している。類語で見ると、Weblio 類語辞書では、

　・思想や行動の基となるものとしては、哲学、信条、ポリシー

　・人生の在り方としては、生き様、生の歩み、生きた姿、生きる姿勢

とある（注8）。

　また、「**生き方**」の類語・縁語として、例えば制作者・藤本直氏「類語玉手箱」（Copyright 2016-2021 Naoshi Fujimoto.）によると、内部などから見た生き方としては、

　・考え方、生きる道、哲学、主義、ポリシー、気持ち、信念、信条、心
　　得、人生観、人生に対する身構え等

外部などから見た生き方としては、

　・生きざま、生活態度、姿勢、行動、振る舞い、流儀、価値観の反映、

　　ライフ、その人なりの道、立ち姿等
の意味が示されている（注9）。

　このように「**生き方**」という言葉は、多様な意味をもち、幅広く活用される言葉であるが、ここでは、学校教育という視点から、

> **その人の気持ちや考え方**
> **価値観や信念、信条**
> **生きる上での姿勢や態度、身構え**
> **行動、生きる道**

といった意味として注目したい。

　次に、「**生き方**」という言葉について、小・中学校の学習指導要領（平成29年告示）」を見てみる。例えば、道徳教育や道徳科、総合的な学習の時間、そして、特別活動においては以下のような記述で示されている。

校種	道徳教育	道徳科	総合的な学習の時間	特別活動
小学校	道徳教育は〔…〕、自己の生き方を考え、主体的な判断の下に行動し、〔…〕。	道徳的諸価値についての理解を基に、〔…〕自己の生き方についての考えを深める学習を通して〔…〕。	横断的・総合的な学習や探究的な学習を通して、〔…〕自己の生き方を考える〔…〕。	自主的、実践的な集団活動を通して、〔…〕自己の生き方についての考えを深め、〔…〕。
中学校	道徳教育は、〔…〕人間としての生き方を考え、主体的な判断の下に行動し、〔…〕。	道徳的諸価値についての理解を基に、〔…〕人間としての生き方についての考えを深める学習を通して〔…〕。	横断的・総合的な学習や探究的な学習を通して、〔…〕自己の生き方を考える〔…〕。	自主的、実践的な集団活動を通して、〔…〕人間としての生き方についての考えを深め〔…〕。

小・中学校の学習指導要領を基に筆者が作成。

　そこで、道徳科、総合的な学習の時間、特別活動における**「生き方」**について、小学校を例に、各『解説編』から詳しく見る。
　まず、道徳科では、第2章 道徳教育の目標の第2節「道徳科の目標」で、

　　　　道徳科は、このように道徳科以外における道徳教育と密接な関連を図りながら、計画的、発展的な指導によってこれを補ったり、深めたり、相互の関連を考えて発展させ、統合させたりすることで、道徳的諸価値についての理解を基に、自己を見つめ、物事を多面的・多角的に考え、自己の生き方についての考えを深める学習を通して、道徳性を養うこと

が目標として記述されており（注10）、そして、同第2節2の（4）「自己の生き方についての考えを深める」の中では、意識して指導するために

・道徳的価値を自分との関わりで深める
・自分自身の体験やそれに伴う感じ方や考え方などを確かに想起したりする

ことが、そのための学びの例としては、

・児童が道徳的価値に関わる事象を自分自身の問題として受け止められるようにする
・他者の多様な感じ方や考え方に触れることで身近な集団の中で自分の特徴などを知り、伸ばしたい自己を深く見つめられるようにする
・これからの生き方の課題を考え、それを自己の生き方として実現していこうとする思いや願いを深めることができるようにする

ことが挙げられている（注11）。

　次に、総合的な学習の時間では、例えば、第 2 章第 2 節の（3）「よりよく課題を解決し、自己の生き方を考えていく」の中で、

　　　総合的な学習の時間に育成する資質・能力については、よりよく課題を解決し、自己の生き方を考えていくためと示されている。このことは、この時間における資質・能力は、探究課題を解決するためのものであり、またそれを通して、〔…〕自己の生き方を考えることは、次の三つで考えることができる。一つは、人や社会、自然との関わりにおいて、自らの生活や行動について考えていくことである。社会や自然の一員として、何をすべきか、どのようにすべきかなどを考えることである。また、これは低学年における生活科の学習の特質からつながってくる部分でもある。二つは、自分にとっての学ぶことの意味や価値を考えていくことである。取り組んだ学習活動を通して、自分の考えや意見を深めることであり、また、学習の有用感を味わうなどして学ぶことの意味を自覚することである。そして、これら二つを生かしながら、学んだことを現在及び将来の自己の生き方につなげて考えることが三つ目である。学習の成果から達成感や自信をもち、自分のよさや可能性に気付き、自分の人生や将来について考えていくことである。

と記述されている（注 12）。

　ここでは、よりよく課題を解決し、自己の**生き方**を考えていくことが総合的な学習の時間に育む資質・能力であること、そして、自己の**生き方**を考えるとは、

・人や社会、自然との関わりにおいて自らの生活や行動について考えていく
・自分にとっての学ぶことの意味や価値を考えていく

> ・これら二つを生かしながら、学んだことを現在及び将来の自己の<u>生</u>
> <u>き方</u>につなげて考える

ことであると理解できる。

　そして、特別活動では、第2章　特別活動の目標　第1節「特別活動の目標」の中で、

> 　集団や社会の形成者としての見方・考え方を働かせ、様々な集団
> 活動に自主的、実践的に取り組み、互いのよさや可能性を発揮しな
> がら集団や自己の生活上の課題を解決することを通して、次のとお
> り資質・能力を育成することを目指す。
> （1）多様な他者と協働する様々な集団活動の意義や活動を行う上で
> 　必要となることについて理解し、行動の仕方を身に付けるように
> 　する。
> （2）集団や自己の生活、人間関係の課題を見いだし、解決するため
> 　に話し合い、合意形成を図ったり、意思決定したりすることがで
> 　きるようにする。
> （3）自主的、実践的な集団活動を通して身に付けたことを生かし
> 　て、集団や社会における生活及び人間関係をよりよく形成すると
> 　ともに、<u>自己の生き方についての考えを深め、自己実現を図ろう</u>
> 　<u>とする態度を養う。</u>

と記述されている（注13）。
　つまり、人は多様な集団に属しよりよい人間関係を築くために、様々な
考え方や価値観に出会い、集団や生活上の問題を話し合い、合意形成や意
思決定しながら協働的に解決することで、自己の「生き方」について主体
的に考えを深めながら自己実現を図ろうとする態度を養うことにつなげる

ことができるということである。以上のことから、上述した

> その人の気持ちや考え方
> 価値観や信念、信条
> 生きる上での姿勢や態度、身構え
> 行動、生きる道

という「生き方」について学び、「生き方」を創っていくためには、

> ・自己を見つめ、物事を多面的・多角的に考え道徳的価値観を形成する
> ・様々な問題や課題を自分ごととして受け止め考える
> ・その考えたことについて話し合いによる、合意形成や意思決定ができるようにする
> ・集団や社会で、よりよく生きるために、学んだことを今後に生かしながら自己実現を図ろうとする

ような学びを意識して実践していく必要がある。そのためには、特に他者ととことん話し合う、対話するという活動が必要不可欠な要素である。

　この対話については、今次学習指導要領でも「どのように学ぶのか」という学びの姿から授業改善の重要な視点として「主体的・対話的で深い学び」が求められており、周知のことである。

　したがって、学びの本質として「主体的・対話的で深い学び」をどのように実現していくのか、そこに創意工夫を図っていくことが、教師の大切な役割と言える。

注記

注1　ジェームズ・レイチェルズ　スチュアート・レイチェルズ著『現実をみつめる道徳哲学』（次田憲和訳、晃洋書房）2003 年、14 頁

注2　文部科学省『小学校学習指導要領（平成 29 年告示）解説 特別の教科 道徳編』第1章、2018 年、1 頁

注3　同『小学校学習指導要領（平成 29 年告示）解説 特別の教科 道徳編』第1章、1頁

注4　文部科学省『小学校学習指導要領（平成 29 年告示）解説 総則編』第3章、2018 年、38 頁

注5　安彦忠彦著『「コンピテンシー・ベース」を超える授業づくり』図書文化、2014 年、91-92 頁

注6　『「コンピテンシー・ベース」を超える授業づくり』同上 92-93 頁

注7　中央教育審議会答申『「令和の日本型学校教育」の構築を目指して～全ての子供たちの可能性を引き出す、個別最適な学びと協働的な学びの実現～（答申）』、2021 年、3 頁

注8　「Weblio 類語辞典」https://thesaurus.weblio.jp/content/ いきかた（2023 年 1 月6 日参照）

注9　藤本直氏「類語玉手箱」https://thesaurus-tamatebako.jp/thesaurus/thesaurus/いきかた /（2023 年 1 月 6 日参照）

注10　文部科学省『小学校学習指導要領（平成 29 年告示）解説 特別の教科 道徳編』第2章、2018 年、16 頁

注11　同『小学校学習指導要領（平成 29 年告示）解説 特別の教科 道徳編』第2章、19 頁

注12　文部科学省『小学校学習指導要領（平成 29 年告示）解説 総合的な学習の時間編』第2章、2018 年、11-12 頁

注13　文部科学省『小学校学習指導要領（平成 29 年告示）解説 特別活動編』第2章、2018 年、11 頁

参考文献

1　ジェームズ・レイチェルズ　スチュアート・レイチェルズ著 次田憲和訳『現実をみつめる道徳哲学』晃洋書房、2003 年

2　安彦忠彦著『「コンピテンシー・ベース」を超える授業づくり』図書文化、2014 年

3　文部科学省『小学校学習指導要領（平成 29 年告示）』2018 年

4　文部科学省『中学校学習指導要領（平成 29 年告示）』2018 年

5　文部科学省『小学校学習指導要領解説（平成 29 年告示）特別の教科 道徳編』2018 年

6　文部科学書『学習指導要領解説（平成 29 年告示）総則編』2018 年

7　文部科学書『学習指導要領解説（平成 29 年告示）総合的な学習の時間編』2018 年

8　文部科学書『学習指導要領解説（平成 29 年告示）特別活動編』2018 年

9　中央教育審議会答申「『令和の日本型学校教育』の構築を目指して〜全ての子供たち
　の可能性を引き出す、個別最適な学びと協働的な学びの実現〜」（答申）2021 年

第2章

道徳教育の現状・課題と
他教科等との関係

1 道徳教育の現状と課題

『小学校学習指導要領解説（平成 29 年告示）特別の教科 道徳編』（以下、『解説道徳編』と表記、他も同様）では、我が国の道徳教育の現状や課題を次のように記述している（注1）。

> 我が国の学校教育において道徳教育は、道徳の時間を要として学校の教育活動全体を通じて行うものとされてきた。これまで、学校や児童の実態などに基づき道徳教育の重点目標を設定し充実した指導を重ね、確固たる成果を上げている学校がある一方で、例えば、歴史的経緯に影響され、いまだに道徳教育そのものを忌避しがちな風潮があること、他教科に比べて軽んじられていること、読み物の登場人物の心情理解のみに偏った形式的な指導が行われる例があることなど、多くの課題が指摘されている。道徳教育は、児童の人格の基盤となる道徳性を養う重要な役割があることに鑑みれば、これらの実態も真摯に受け止めつつ、その改善・充実に取り組んでいく必要がある。
>
> （波線は筆者。以下同様。）

このような課題に関わり、大学生の受け止めに関わる課題を探るべく筆者も大学 1 年生を対象に、アンケートによる調査行っている（注2）。道徳教育に関する大学の講義後に、学生自身が自分の経験を踏まえ「道徳教育の課題や背景についてどのように考えているのか」を記述させたものを

まとめた結果が表 1 である。この結果からは、同じような課題、背景が明確になっている。（令和 3 年 8 月実施。対象は大学 1 年生 195 名。学生一人一人が複数の課題や背景を記述しているので、表中 N はその総数である。）対象の学生は、検定教科書活用による授業を受けていない世代である。（「私たち（わたしたち）の道徳」活用世代である。小学校は 2018 年度、中学校は 2019 年度から検定教科書活用。）

　この表からも、「他教科より軽んじられる、忌避しがち（他の教科の時間へ）」が 71.8% と最も多く、次に「価値の教え込み（知識としての理解）」が 47.2%、「登場人物の心情を考えるのみ（国語科のよう）」が 35.9% であった。以下、「実効性に乏しい（明確な結果に繋がらない）」が 30.8%、「いじめの問題への対応が不十分」が 26.7% とつづく。6 の「学校により成果に差がある（理解が不十分）」は、学生同士の交流により自覚した差であると考える。

表 1　道徳の時間の課題や背景

	記述内容	N	%
1	他教科より軽んじられる、忌避しがち（他の教科の時間へ）	140	71.8
2	価値の教え込み（知識としての理解）	92	47.2
3	登場人物の心情を考えるのみ（国語科のよう）	70	35.9
4	実効性に乏しい（明確な結果に繋がらない）	60	30.8
5	いじめの問題への対応が不十分	52	26.7
6	学校により成果に差がある（理解が不十分）	33	16.9
7	正解がわかる（期待される答え）	9	4.6
7	目的が不明確（重要性の理解）	9	4.6
9	主体的に考えないビデオ視聴のみ（感想で終わる）	5	2.6
10	評価（評価していない）	2	1.0
11	反省の時間	1	0.5
11	身近でない	1	0.5

　また、今まで受けてきた「道徳の時間」の授業（小学生及び中学生時を振り返り）について選択肢（表2の①〜⑤。この5択は、過去2年間の学生の自由記述による調査結果を踏まえ、設定したものである。なお、④「その他」を選択した場合は、具体的に記述させている。）から回答及び、現時点で道徳教育は、「役に立つ」、「役に立たない」の2択から回答させたもの192名分を整理した結果が表2である。この表から、小学校では②「『わたし（私）たちの道徳』活用による」授業が最も多く80.2%、次いで①「テレビやビデオの視聴による」授業が72.4%、「副読本による」授業が31.8%であった。中学校では小学校と同じく②「『わたし（私）たちの道徳』活用による」授業が最も多く55.2%、次いで①「テレビやビデオの視聴による」授業が50.0%であるが、ともに約半数であった。そして、③「副読本による」授業が33.3%と続く。④「その他」については、小学校5.7%に対し、中学校では13.0%と高くなる。例として、小学校では、「車いす体験」「先生が作成したプリントによる授業」「先生の語りの時間」「盲導犬とのふれあい」等の記述があった。一方、中学校では、「トロッコ問題に取り組んだ」「新聞記事活用による授業」「全校生徒での話し合いの時間」「歌の歌詞や曲を使った授業」「講師の話による授業」「いじめアンケートを行った」「先生が作成したプリントによる授業」「何かのグループワークをした」等の記述があった。

　選択肢⑤「印象にない」は、小学校5.7%に対し、中学校では17.7%と高くなる。現時点で、道徳教育は「役に立つ」、「役に立たない」については、「役に立つ」が88.5%、「役に立たない」が11.5%という結果であった。

　その「①役に立つ」、「②役に立たない」と判断した学生の理由について、記述内容をまとめたものが表3である。「①役に立つ」と判断した、「相手の立場で考える、様々な視点から考える」、「自分を見つめ直す」、「相手の気持ちを思いやる」、「答えのない問題を考える」、「コミュニケーションを通してルールやマナーなどを学べた」、「発表しやすい時間」、「人間関係の問題を考える」、「善悪の判断に関わることや必要なことの学びができた」

表 2　受けてきた「道徳の時間」の授業

		選択肢	N	%
小学校	①	テレビやビデオの視聴による	139	72.4
	②	「わたし（私）たちの道徳」活用による	154	80.2
	③	副読本による	61	31.8
	④	その他	11	5.7
	⑤	印象にない（記憶にない）	11	5.7
中学校	①	テレビやビデオの視聴による	96	50.0
	②	「私たちの道徳」活用による	106	55.2
	③	副読本による	64	33.3
	④	その他	25	13.0
	⑤	印象にない（記憶にない）	34	17.7
	①	役に立つ	170	88.5
	②	役に立たない	22	11.5

等から、小・中学生のとき、自分ごととして主体的に考えたり、対話を通して様々な視点から考えたりすることができた「道徳の時間」であったからこその理由であると考える。

　一方で、「②役に立たない」と判断した、「授業で心に残っているものがない」、「話を聞くだけで、自分ごととして考えない」、「押し付けられている感じ」、「学びが生かされていない」「国語の時間と変わらない」等からは、逆に小・中学生のとき、自分ごととして主体的に考えたり、対話を通して様々な視点から考えたりすることとは疎遠の「道徳の時間」であったと考えられる。

　以上の、現学生の道徳教育（「道徳の時間」）に対する振り返り、課題や背景、「①役に立つ」、残念ながら「②役に立たない」と判断した記述から、学生がこれまでに「どのような授業を受けてきたのか」や「その中で、どのような指導を受けてきたのか」（あるいは「学校による取組の差」）ということに、多大なる影響を受けていることが認識できる。

表3「役に立つ、役に立たないの理由」

①役に立つ	・相手の立場で考えるきっかけになり、様々な視点から考えられた ・自分を見つめ直すきっかけになった。自分で考える力が身に付いた ・相手の気持ちを思いやることの大切さを学ぶことができ、楽しかった ・答えのない問題を考える機会である ・他教科と異なりコミュニケーションを通してルールやマナーを学べた ・発表しやすい時間だった。正解は一つではないことを知った ・人間関係の問題を考えることができる。助け合いなど、人間関係を築く上でも必要である ・社会で生きていく上で、善悪の判断や必要なことの学びができた ・気持ちを動かされた。普段の他の授業では学べないことを学べる時間だった ・日常生活に生かせる内容だった。問題への対応を考える機会もあった ・普段体験しない出来事を考えることができ、新たな視点を見つけた ・今まで意識したことのないことに触れ、道徳心や倫理観を学べたと思っている ・メディアに流されない力を得る ＊より深く学べる道徳にしたらよい ＊経験を補うことも必要である ＊固定観念をつくりかねない雰囲気になることや評価には課題がある

＊は、よりよい道徳教育にするためにとして、記述されていたこと

②役に立たない	・受けた授業で心に残っているものがない（記憶にない） ・先生の話を聞くだけであり、自分ごととして考えていない ・すでに分かっていることを話す程度、探究活動の方がよい ・押し付けられている感じがする ・教科書を読んで考えるよりも、自らの体験を基に考えた方がよい ・教科書に載っているきれいごとは役立たない ・日常生活を通して学ぶものである。学んだことが生かされていない ・授業を通して価値観や考え方が変わったりしたことがない。役立っていない ・素行の悪い人に効果はなかった。週1回の授業では無理 ・道徳に正確な答えはないはずなのに、少し外れると「おかしい」と思われる ・国語の時間と変わらない ・倫理観を道徳の授業で養うのは不可能に近い

　したがって、これから実践する道徳教育は、その取組いかんで、良くも悪しくも児童生徒に様々な感じ方や考え方をもたせてしまうという認識のもと、道徳教育の充実に向け、主体的・対話的で深い学びのある実践に努める必要がある。

2 全教育活動を通じた道徳教育、道徳科と他教科や領域との違い

全教育活動を通じた道徳教育について、『解説道徳編』では、

> ・学校における道徳教育は、特別の教科である道徳を要として学校の教育活動全体を通じて行うものであること
> ・学校や児童生徒の実態を踏まえ設定した目標を達成するために、各教科、外国語活動、総合的な学習の時間及び特別活動のそれぞれの特質に応じて行うこと

が基本として示されており、各教科等における道徳教育の内容について、それぞれの特質に応じて具体的に配慮すべきことも記述されている（注3）。

この点について、総合的な学習の時間を例とし、『解説道徳編』、『解説総合的な学習の時間編』を基に述べる。

【総合的な学習の時間】

総合的な学習の時間の目標は、「探究的な見方・考え方を働かせ、横断的・総合的な学習を行うことを通して、よりよく課題を解決し自己の生き方を考えていくための資質・能力を次のとおり育成することを目指す」として、以下の三つが示されている（注4）。

> (1) 探究的な学習の過程において、課題の解決に必要な知識及び技能を身に付け、課題に関わる概念を形成し、探究的な学習のよさを理解するようにする。
> (2) 実社会や実生活の中から問いを見いだし、自分で課題を立て、情報を集め、整理・分析して、まとめ・表現することができるようにする。
> (3) 探究的な学習に主体的・協働的に取り組むとともに、互いのよさ

を生かしながら、積極的に社会に参画しようとする態度を養う。

探究的な見方・考え方については、

探究的な見方・考え方には二つの要素が含まれており、一つは各教科等における見方・考え方を総合的に働かせるということであり、二つは、総合的な学習の時間に固有な見方・考え方を働かせることである。このように、各教科等における見方・考え方を総合的に活用して、広範な事象を多様な角度から俯瞰して捉え、実社会・実生活の課題を探究し、自己の生き方を問い続けるという総合的な学習の時間の特質に応じた見方・考え方を、探究的な見方・考え方と呼ぶ。

と説明し、「児童が探究的な見方・考え方を働かせながら横断的・総合的な学習に取り組むことにより、よりよく課題を解決し、自己の生き方を考えていくための資質・能力を育成することにつながる」と述べている（注5）。また、探究課題の解決を通して育成する資質・能力については、「主体的に判断して学習活動を進めたり、粘り強く考え解決しようとしたり、自己の目標を実現しようとしたり、他者と協調して生活しようとしたりする資質・能力」が重要で、このような資質・能力の育成は道徳教育につながるものである」としている（注6）。

さらに、自己の生き方を考えることについては、以下の三つを示している（注7）。

一つは人や社会、自然との関わりにおいて、自らの生活や行動について考えていくことである。社会や自然の一員として、何をすべきか、どのようにすべきかなどを考えることである。〔…〕二つは、自分にとっての学ぶことの意味や価値を考えていくことである。取り組んだ学習活動を通して、自分の考えや意見を深めることであり、

また、学習の有用感を味わうなどして学ぶことの意味を自覚することである。そして、これら二つを生かしながら、学んだことを現在及び将来の自己の生き方につなげて考えることが三つ目である。学習の成果から達成感や自信をもち、自分のよさや可能性に気付き、自分の人生や将来について考えていくことである。

このように、総合的な学習の時間では、主体的に判断する、他者と協調する、「生き方」について考えるといった資質・能力を育む点で、道徳教育と密接に関連していることが理解できる。一方で、総合的な学習の時間は、一人一人が課題の探究に向けて体験したり、解決したりする過程で感じ考える道徳的価値は、一つとは限らない。また、他者とは異なる多様な道徳的価値から思考することも多い。特に、実社会や実生活の中から問いを見いだし、課題を探究するのであるから、当然のことと言える。

それに対し、道徳科の時間は、意図的、計画的であり、基本 1 時間の授業においては 1 つの道徳的価値（複数の道徳的価値を扱う授業もあるが）について、全員が、自分ごととして深く考え内面的な自覚を図りながら道徳性（Ⅱ 第 4 章の**1**で触れる道徳的判断力、道徳的心情、道徳的実践意欲と態度）を養うことを目標としていることが、特徴と言える。

次に、学校現場の教師からよく質問される、

・「国語科と道徳科」
・「特別活動と道徳科」
・「生徒指導と道徳教育（道徳科含）」

の違いについて、考えてみる。
もちろん、密接に関わる、共通部分もあるが、特徴として簡単にまとめ示してみる。（**1 道徳教育の現状と課題**で紹介した学生のアンケート調査

の結果の中にも、課題や背景として「登場人物の心情を考えるのみ（国語科のよう）」（70人 35.9 ％）という指摘が挙げられていた。）

　まず、国語科と道徳科の違いについて、その特質から考えられる主なことを特徴として挙げる。

　　　　　　　　　　　国語科と道徳科の特徴

国語科	道徳科
・文章を正確に読む ・漢字や語句をはじめ、表現技法、構成、描写について学ぶ ・物語文では、主題を読む ・言葉を中心に、解釈、想像を広げる ＊読む、書く、聞く・話す、話し合う等を計画的な指導のもと、学ぶ ＊単元としての多時間扱いのなかで学ぶ 　　　　　　　　　　　　　　　等	・文字や言葉だけに囚われない ・主人公のみならず、多面的・多角的な視点から、人間の生き方を考える ・自分の体験と比較したり、よりよい生き方を模索したりする ・対話を主として授業を行う ・教材から離れる場もある ＊道徳的価値の自覚を深める ＊道徳性を育み、自分の生き方を考える 　　　　　　　　　　　　　　　等

　次に、特別活動と道徳科は密接な関係にあるが、特徴としての違いを挙げる。

　　　　　　　　　　特別活動と道徳科の特徴

特別活動	道徳科
・常に具体的で実践的な望ましい集団活動を前提とする ・なすことによって学ぶ ・集団活動の成功に向け努力する ・道徳実践の場となる ＊特別活動で決定したことについては、集団による決定であろうと個人による自己決定であろうと、必ず行動に移すものである 　　　　　　　　　　　　　　　等	・具体的な集団活動が目的ではない ・最終的にその時間で集団活動を成功させることが目的ではない ・道徳科では、自分をしっかりと見つめることを重視する ・目標は、一人一人の内面の道徳性を育むことである ＊道徳的価値の自覚を深める 　　　　　　　　　　　　　　　等

生徒指導と道徳教育は相互補完関係にあるが、特徴としての違いを挙げる。

生徒指導と道徳教育（道徳科含）の特徴

生徒指導	道徳教育（道徳科含）
・生き方を指導・援助する ・自己の幸福追求と自己実現を支える ・自己指導能力を育成する ・時と場合により、命令による服従を迫る場合もある ＊突発的な事案に対応するため、無意図的に行われる場合が多い ＊実際に起こった問題に、どのような解決を図るかに主眼を置く 等	・よりよい生き方を目指す ・自主的・自律的な実践を期待し、道徳性を育む（内面的変化） ・扱う、考える幅が広い（自然愛や家族愛、国際理解等） ＊人間の価値観や判断の傾向性を考え、心の深い部分を耕す ＊日常生活で深く吟味できないことを意図的・計画的に束ねる道徳教育と道徳科との関連を図る 等

注記

注1　文部科学省『小学校学習指導要領（平成 29 年告示）解説 特別の教科 道徳編』第 1 章、2018 年、1-2 頁

注2　栩澤実　道徳教育に関わる地域の学校及び学生の実態における一考察—へき地・複式校の課題と学生の認識から—　日本道徳性発達実践学会　第 20 回立命館大会発表資料、2021 年

注3　文部科学省『小学校学習指導要領（平成 29 年告示）解説 特別の教科 道徳編』第 2 章、2018 年、10-15 頁

注4　文部科学省『小学校学習指導要領（平成 29 年告示）解説 総合的な学習の時間編』第 2 章、2018 年、8 頁

注5　同『小学校学習指導要領（平成 29 年告示）解説 総合的な学習の時間編』第 2 章、10-11 頁

注6　文部科学省『小学校学習指導要領解説（平成 29 年告示）特別の教科 道徳編』第 2 章、2018 年、14 頁

注7　文部科学省『小学校学習指導要領（平成 29 年告示）解説 総合的な学習の時間編』第 2 章、2018 年、12 頁

参考文献

1　栩澤実「道徳教育に関わる地域の学校及び学生の実態における一考察—へき地・複式校の課題と学生の認識から—」日本道徳性発達実践学会第 20 回立命館大会発表資料　2021 年

2　文部科学省『学習指導要領（平成 29 年告示）解説 特別の教科 道徳編』2018 年

3　文部科学省『学習指導要領（平成 29 年告示）解説 総合的な学習の時間編』2018 年

4　文部科学省『学習指導要領（平成 29 年告示）解説 特別活動編』2018 年

5　文部科学省『生徒指導提要』2022 年

6　諸富祥彦編著『これから学校教育を語ろうじゃないか』図書文化、2015 年

第 3 章

自律的な「生き方」を創る
「主体的・対話的で深い学び」

1 「主体的・対話的で深い学び」の実現に向けた
授業改善の推進

『小学校学習指導要領（平成29年告示）解説 総則編』第1章総説1の
(2) の③「『主体的・対話的で深い学び』の実現に向けた授業改善の推進」
では、図1のような以下6点を留意点として示している（注1）。
（※筆者作成。以下同様。）

ア　これまで地道に取り組まれ蓄積されてきた実践を否定し、全く異
　　なる指導方法を導入しなければならないと捉える必要はないこと

イ　授業の方法や技術の改善のみを意図したものではなく、児童生徒
　　に目指す資質・能力を育むために「主体的な学び」、「対話的な学び」、
　　「深い学び」の視点で授業改善を進めるものであること

ウ　各教科等において通常行われている学習活動（言語活動、観察・
　　実験、問題解決的な学習など）の質を向上させることを主眼とする
　　ものであること

エ　単元や題材など内容や時間のまとまりの中で、学習を見通し振り
　　返る場面をどこに設定するか、グループなどで対話する場面をどこ
　　に設定するか、児童生徒が考える場面と教師が教える場面をどのよ
　　うに組み立てるかを考え、実現を図っていくものであること

オ　深い学びの鍵として「**見方・考え方**」*を働かせることが重要に
　　なること

カ　基礎的・基本的な知識及び技能の習得に課題がある場合には、そ

の確実な習得を図ることを重視すること

＊深い学びの鍵となる「見方・考え方」

　各教科等の特質に応じた物事を捉える視点や考え方のことです。習得・活用・探究という学びの過程の中で働かせることを通じて、より質の深い学びにつなげていきます。（『小学校学習指導要領（平成29年告示）解説総則編』4頁より筆者が抜粋して作成）

図1　「主体的・対話的で深い学び」の実現に向けた授業改善上の留意点

　また、「主体的・対話的で深い学び」の実現に向けた授業改善の具体的な内容については、2016年の中央教育審議会答申で、図2のような三つの視点に立った授業改善を行うことを、例とともに示している（注2）。

　更に、これら「主体的な学び」「対話的な学び」「深い学び」の三つの視点について、2016年の同答申では、「子供の学びの過程としては一体として実現されるものであり」、主体的な学びが対話的な学びにつながったり、対話的な学びを通して深い学びにつながったりなど相互に影響し合うものであるが、「学びの本質として重要な点を異なる側面から捉えたもの」であるので、「授業改善の視点としては、それぞれ固有の視点になる」と述べている（注3）。（波線は筆者。以下同じ。）

　つまり、1単位時間の授業の中で全てが実現されるものではなく、「単元や題材のまとまりの中で」実現されるよう、「子供たちの学びがこれら三つの視点を満たすものになっているか、それぞれの視点の内容と相互のバランスに配慮しながら学びの状況を把握し改善していくこと」（注4）に留意する必要がある。「主体的・対話的で深い学び」は、今後の激変する社会に対応し、児童・生徒一人一人が行動の主体として自律した人間に成長するために欠かせない、重要な学びであると捉える。

学び	授業改善の視点	例
主体的な学び	学ぶことに興味や関心を持ち、自己のキャリア形成の方向性と関連付けながら、見通しをもって粘り強く取り組み、自己の学習活動を振り返って次につなげる	・学ぶことに興味や関心を持ち、毎時間、見通しを持って粘り強く取り組むとともに、自らの学習をまとめ振り返り、次の学習につなげる ・「キャリア・パスポート（仮称）」などを活用し、自らの学習状況やキャリア形成を見通したり、振り返ったりする
対話的な学び	子供同士の協働、教職員や地域の人との対話、銑鉄の考え方を手掛かりに考えること等を通じ、自己の考えを広げ深める	・実社会で働く人々が連携・協働して社会に見られる課題を解決している姿を調べたり、実社会の人々の話を聞いたりすることで自らの考えを広める ・あらかじめ個人で考えたことを、意見交換したり、議論したりすることで新たな考え方に気が付いたり、自分の考えをより妥当なものとしたりする
深い学び	習得・活用・探究という学びの過程の中で、各教科等の特質に応じた「見方・考え方」を働かせながら、知識を相互に関連付けてより深く理解したり、情報を精査して考えを形成したり、問題を見出して解決策を考えたり、思いや考えを基に創造したりすることに向かう	・事象の中から自ら問いを見いだし、課題の追究、課題の解決を行う探究の過程に取り組む ・精査した情報を基に自分の考えを形成したり、目的や場面、状況等に応じて伝え合ったり、考えを伝え合うことを通して集団としての考えを形成したりしていく ・感性を働かせて、思いや考えを基に、豊かに意味や価値を創造していく

図2　「主体的・対話的で深い学び」の実現に向けた授業改善の視点と例

2 「生き方」を創る対話における行動と省察

　「主体的・対話的で深い学び」の「対話的な学び」については、これまでも「対話を重視した授業」や「対話を通して様々な考えを理解し、深める授業」等、校内研究でもよく取り上げられるテーマの一つである。しかし、本来の対話とは、向かい合って単に自分の考えや意見を互いに述べ合うことを意味していない。そこで、改めて対話について考えてみる。

　ブラジルの教育思想家パウロ・フレイレは、対話そのものの本質は言葉であるが、その言葉には大きな意味があると言う。フレイレは著書『被抑圧者の教育学50周年記念版』（三砂ちづる訳、亜紀書房、2018年）の中で次のように述べている（注5）。

　　「対話」には**行動**と**省察**という二つの次元がある〔…〕この二つは常に連帯の関係、すなわち緊密な関係性の下にある。〔…〕どちらかが損なわれると片方はその影響をすぐに受けてしまう。本当の言葉のないところに実践はない。だからこそ、本当の言葉は世界を変えることもできる。〔…〕行動の次元から切り離されてしまった言葉は、〔…〕省察とも切り離され、無意味な言葉の羅列となって〔…〕世界を改革するようなコミットメントも行動も期待できず〔…〕逆に、行動のみを強調して省察をおろそかにすると、言葉は単なる行動主義、すなわち行動を煽るだけのものとなってしまう。〔…〕省察をともなわず、本当の意味での実践や対話を否定してしまう。このような分極化は真実ではない存在によってつくり出され、さらに真実でない思考を生み、その分極化を結果として強化してしまう。

と言う。つまり、今次学習指導要領でいうところの「学びに向かう力や人間性」を育むためには、あるいは自分の**「生き方」**を考えるためには、真実の言葉により日常生活を変革していくことができるような力となる**省察**や実際の**行動**レベルをイメージした、そのような自覚のある対話を行うことが、重要であると理解できる。また、フレイレは、同著書の中で人間の存在と対話の関係について、以下のように述べている（注6）。

　　人間の存在というものは、そもそも静かに黙しているものではない。〔…〕人間は沈黙のうちに人間になることはなく、言葉をつかって仕事をすることによって、その反応と省察のうちに、人間になる

のである。〔…〕真実の言葉を話すこと〔…〕それ自体は特権的なものではなく、全ての人の権利である。〔…〕対話とは世界を媒介とする人間同士の出会いであり、世界を"引き受ける"ためのものである。〔…〕対話は人間が人間として意味をもつための道そのものであるといえるだろう。だからこそ対話は人間存在の根幹にかかわる希求である。〔…〕それは創造の行為である。

と言う。つまり、対話は人間同士の出会いであり、一方的に伝えたり、交換したり、ある人の言葉にいつも従ったり、発言者が支配したりするための行為ではないのである。また、真実を知ろうとせずに考えを押しつけ合うような行為でもないのである。お互いの知恵を出し合い共有したり、時に批判的に議論したりしながら新たなものを創り出していく営みが対話なのである。このような対話本来の意義を理解するならば、授業における対話も、一人の自律した人間として生きていくために欠くことのできない力の基盤を創るものと考える。物事を批判的に観て真実を追究できる、共によりよい考えを創り出す、根拠を基に自分で判断し行動できる自律した人間へと成長するためには、対話が必要不可欠なのである。したがって、これまで以上に「対話的な学び」の実現に向けた取組が重要となる。

　このように重視したい対話であるが、筆者は学校現場で授業する際、よく考えていたことは、対話を通して考えることの重要性を理解していても、

・45分や50分授業の中で、どのくらいの時間を対話に使えるのか
・対話を通して、ねらいとしていることを学ぶことができているのか

ということであった。様々な教科における授業の進め方として、例えば、課題の提示、見通しを持たせる、個人での学び、集団での学び（対話、話し合いとするが）、まとめる等の指導過程がある。この過程で、集団での対話にどれくらいの時間が確保できるのか。多く見積もっても20分ほど

ではないだろうか。いつも、このような授業ばかりとは限らないが、1時間1時間のねらいを達成すべく配列された学習内容を考えるときの悩ましい課題であった。もちろん、2時間扱いで授業をしたり、単元配列により対話から始める授業をしたりすることもあったが、このような授業が週28〜29時間授業の中で、どれほど実施できるのかは、現場の教員ならば、想像に難くはないと考える。

　現在の教育では、「主体的・対話で深い学び」を通して、「生きる力」に関わる知識・技能、思考力・判断力・表現力、学びに向かう力や人間性等の資質・能力を育むことを重視している。つまり、これらの資質・能力を育むためにも、対話は欠かせないのである。なぜなら、「生きる力」の根幹たる「学びに向かう力や人間性等」は、まさに「**生き方**」に関わる資質・能力であり、先述の「**生き方**」として意味付けた

> その人の気持ちや考え方
> 価値観や信念、信条
> 生きる上での姿勢や態度、身構え
> 行動、生きる道

は、自分一人で考えるのみでは、達成できないのである。対話本来の意義を生かすことで、**自分で省察しながらより深く考え、判断し、決定し、言動に移すことにより、学び創られていく**と考える。

3 道徳科における「対話」を重視した授業改善

　道徳科は、そもそも対話を通して学ぶ教科である。お互いの見方・考え方について、対話を通して交流し合う中で、自分の見方・考え方を再構成しながら深めていく学習と言える。中央教育審議会答申（以下、「中教審答申」と表記。）「道徳にかかる教育課程の改善等について」（2014 年）の

1 道徳教育改善の方向性の（1）「道徳教育の使命」で、「今後グローバル化が進展する中で」の課題に対し、「社会を構成する主体である一人一人が、高い倫理観をもち、人としての生き方や社会の在り方について、多様な価値観の存在を認識しつつ、自ら感じ、考え、他者と対話し協働しながら、より良い方向を目指す資質・能力を備えることがこれまで以上に重要であり」、その資質・能力の育成に「道徳教育は大きな役割を果たす必要がある」と記述されている（注7）。また、中央教育審議会答申「幼稚園、小学校、中学校、高等学校及び特別支援学校の学習指導要領等の改善及び必要な方策等について」（2016 年）の第2部第2章15「道徳教育」の中で、小・中学校学習指導要領等の一部改正と「考え、議論する道徳」への転換として、「多様な価値観の、時には対立がある場合を含めて、誠実にそれらの価値に向き合い、道徳としての問題を考え続ける姿勢こそ道徳教育で養うべき基本的資質であるという認識に立ち、発達の段階に応じ、答えが一つではない道徳的な課題を一人一人の児童生徒が自分自身の問題と捉え、向き合う考え、議論する道徳へと転換を図るものである」とし、道徳科の質的転換を示している（注8）。さらに、同答申では、15 の（2）の③「学習・指導の改善充実や教育環境の充実等」の中でも、「道徳教育においては、他者と共によりよく生きるための基盤となる道徳性を育むため」に、「考え、議論する道徳を実現することが、主体的・対話的で深い学びを実現することになる」との考えが示されている（注9）。

　このことから、道徳科において「主体的・対話的で深い学び」の実現は、「考え、議論する道徳」として実践されることとなったのである。そして、「議論」と「対話」については、言葉としての違いこそあれ、再び先述のフレイレの言葉を借りれば、「お互いの知恵を出し合い共有したり、時に批判的に議論したりしながら新たなものを創り出していく営みである」という「対話」本来の意義を重視することで、目指す授業づくりの方向性も見えてくる。

❹「対話」の活性化に生かすアサーション・トレーニング

　「主体的・対話的で深い学び」における「対話」について、また、パウロ・フレイレの言う「対話」そのものの本質や意義について、そして、道徳科における「対話」を重視した授業づくりの必要性について述べたが、この「対話」を可能とするためには、「支持的風土に満ちた親和的な雰囲気のある」学級づくりが欠かせない。「支持的風土に満ちた親和的な雰囲気のある」学級だからこそ、子ども一人一人が安心して、自分の感じ考えたことを素直に表現することができ、また、お互いの考えの良さのみならず、改善したい部分にも目を向け新たな考えを創造していくことを可能にする。いつも同じ人の考えが採用され、その他大勢がそれに追随するのではなく、つまり同調思考に留まるのではなく、個々の自己表現が受け入れられ、認められる、協働的な学びが成立する学級だからこそ、一人一人が伸び伸びと自律した「**生き方**」を創っていくことができるのである。平木典子氏は、この自分も相手も大切にする自己表現のことを著書『アサーション・トレーニング』（日精研、2009）の中でアサーティブと言い、「アサーティブな人は自分の人権のためには自ら立ち上がろうとするが、同時に相手の人権と自由を尊重しようとする」と述べ、アサーティブな発言とは「自分の気持ち、考え、信念などが正直に、率直に、その場にふさわしい方法で表現される」と言う（注10）。この意味するところは、先述したように、ただ相手に同調するのではなく、違い、反対の意見や考えも当然のこととして出てくるが、その相違に対しても「対話」を通して、否定ではなく批判的に検討しながら、お互いに納得できる、理解できるよりよい考えや結論を導き出そうとするということである。その結果として、このような言動は、「自分だけではなく、相手にもさわやかな印象を与える」こと、そして、「相手は大事にされたという気持ちをもつと同時に、二人の努力に誇らしい気もちをもつ」こと、また、「アサーティブな人に対して尊敬の念を覚える」としている（注11）。つまり、アサーティブとは、素

直に自分を表現した結果については、同意も相違も、葛藤もあるのが当然であり、そのことに対して、一喜一憂したり、感情的になったりするのではなく、これを契機として、よりよい「対話」を創っていこうとする態度や姿勢、そのような状態と捉えることができる。このようなアサーティブは、「支持的風土に満ちた親和的な雰囲気のある学級づくり」にとって大変重要であり、「対話」の充実に欠かせない要素であると言える。そして、相手に配慮しつつも、自分の意志や意見についてきちんと伝える、いわゆるアサーティブな関係を創るコミュニケーション方法の一つが、アサーションと理解できる。

　アサーションとアサーション以外の表現は、三つのタイプ、

攻撃的（アグレッシブ）な自己表現
非主張的（ノン・アサーティブ）な自己表現
アサーティブな自己表現

があり、この区別をできることが必要であると、沢崎俊之・平木典子氏は編著書『教師のためのアサーション』の中で言う（注12）。三つのタイプの説明は以下の図の通りである。＊同編著書を基に、筆者が抜粋し作成。

攻撃的（アグレッシブ）な自己表現
　「自分の意思や考え、気持ちをはっきりと言い、自分の権利のために「自己主張」しているが、「相手の言い分や気持ちを無視したり、軽視したりするので、結果として相手に自分を押しつけること」になる。攻撃とは、「暴力的」に相手を責めたり、「大声でどなったり」するだけではなく、「相手の気持ちや欲求を無視して、自分勝手な行動をとったり」、相手を「操作して自分の思い通りに動かそうとする」ことを言う。つまり、相手を自分の言うとおりにさせたい、見下げて従わせたいがために、優位に立とうとする表現になる。

非主観的（ノン・アサーティブ）な自己表現

「自分の気持ちや考え、信念を表現しなかったり、し損なったりする」ことで、「自分で自分を踏みにじる」、自分から言論の自由を踏みにじっているようなことになる。「自分の気持ちを言わないだけではなく、あいまい」な言い方をしたり、「言い訳がましく」言ったり、他人に無視されやすい消極的な態度や「小さな声で言う」ことも含まれる。つまり、自分に対して不正直で、相手に譲っているようであるが「実は相手に対しても素直ではなく」、自信のない表現になる。

アサーティブな自己表現

「自分も相手も大切にした自己表現」であり、アサーティブな人は自分の人権と同時に相手の人権と自由を尊重しようとし、アサーティブな発言では、「自分の気持ち、考え、信念」などが「率直に、正直に、その場に」ふさわしい方法で表現される。その結果として、「互いの意見」により「葛藤」を起こすこともあるが、双方にとって納得のいく結論を出そうとするのである。つまり、対話を大切にし、相互に尊重しながら新たな創意や工夫が生み出されるような表現になる。

　また、アサーティブになれない理由として、平木氏は、「気持ちが把握できない」、「結論や周囲を気にしすぎる」、「基本的人権を使っていない」、「考え方がアサーティブでない」、「アサーションのスキルを習得していない」、「体が語るアサーション」という6つの理由を示している（注13）。詳細については平木氏の著書を参照していただきたいが、素の自分でない、権威や失敗への怖れ、何かに束縛された思い込み等による抑圧された生活を続けることは、自律的な**「生き方」**とは無縁の状況と言えるのである。

　このような「自他共に尊重する」、「素直に自分を表現する」ことは、本来当たり前のことであるはずなのに、できにくい状況にあることの理解を基に、児童生徒が、日常、自分の周りの人々にどのような対応をしているのかを振り返り自分の内面と向き合うことで、アサーションができない場

合に気付き、行動を変える省察の機会としたい。アサーティブな自己表現
を身に付けるためのアサーション・トレーニングは、自己変革につなげる
効果を期待できると考える。

　学級におけるアサーションの取組ついて、中釜洋子氏は、「学級におけ
るアサーションの学びの構造」を示し、アサーションを子どもに教えると
きに大きな力を発揮するのは、「『授業中に教師が示すアサーティブな言
動』や『日常的なやりとりのなかで教師が示すアサーティブな態度』、『ア
サーティブをよしとするクラス化』が備わっているときである」し、この
支えなくして「各授業案やワークの具体的な中身だけの形式的な導入では
十分な効果が得られない」と説明している（注14）。

　アサーション・トレーニングの指導のプロセスや各授業における取組の
具体については、多数の各専門書に譲るが、例えば、授業における子ども
の「話し方、聞き方」等におけるルール作りも、単に技術として形式的に
教え込むことだけでは、強制的な支配につながりかねない。前提としての
アサーティブな言動のできる「支持的風土に満ちた親和的な雰囲気のある
学級」づくりが基本であることを忘れてはならない。対人関係づくりに苦
労する世の中である現在、教師も児童生徒もアサーティブな自己表現を実
践的に行い続けることで、是非とも、「主体的・対話的で深い学びのでき
る道徳」、「議論する、対話する道徳」、そして**「自律的な生き方を創る道
徳教育」**につなげていきたいと考える。

注記

注 1　文部科学省『小学校学習指導要領（平成 29 年告示）解説 総則編』第 1 章、
　　　2018 年、4 頁
注 2　中央教育審議会答申「幼稚園、小学校、中学校、高等学校及び特別支援学校の
　　　学習指導要領等の改善及び必要な方策等について」2016 年、49-50 頁、補足資
　　　料 13 頁
注 3　同「幼稚園、小学校、中学校、高等学校及び特別支援学校の学習指導要領等の
　　　改善及び必要な方策等について」50 頁

注4　同「幼稚園、小学校、中学校、高等学校及び特別支援学校の学習指導要領等の
　　　改善及び必要な方策等について」50 頁
注5　パウロ・フレイレは著書『被抑圧者の教育学 50 周年記念版』（三砂ちづる　訳、
　　　亜紀書房）、2018 年、170-171 頁
注6　同『被抑圧者の教育学 50 周年記念版』172-174 頁
注7　中央教育審議会答申「道徳にかかる教育課程の改善等について」2014 年、2 頁
注8　中央教育審議会答申「幼稚園、小学校、中学校、高等学校及び特別支援学校の
　　　学習指導要領等の改善及び必要な方策等について」2016 年、219 頁
注9　同「幼稚園、小学校、中学校、高等学校及び特別支援学校の学習指導要領等の
　　　改善及び必要な方策等について」224 頁
注 10　平木典子著『アサーション・トレーニング さわやかな〈自己表現〉のために』
　　　日本・精神技術研究所、2009 年、25 頁
注 11　同『アサーション・トレーニング さわやかな〈自己表現〉のために』26 頁
注 12　園田雅代・中釜洋子・沢崎俊之編著『教師のためのアサーション』金子書房、
　　　2002 年、2-5 頁。
注 13　平木典子著『アサーション・トレーニング さわやかな〈自己表現〉のために』
　　　日本・精神技術研究所、2009 年、34-46 頁
注 14　園田雅代・中釜洋子・沢崎俊之編著『教師のためのアサーション』金子書房、
　　　2002 年、79 頁

参考・引用文献

1　中央教育審議会答申（以下、中教審答申と記述）「道徳にかかる教育課程の改善等に
　　ついて」2014 年
2　中央教育審議会答申「幼稚園、小学校、中学校、高等学校及び特別支援学校の学習
　　指導要領等の改善及び必要な方策等について」2016 年
3　パウロ・フレイレは著書『被抑圧者の教育学 50 周年記念版』三砂ちづる訳、亜紀書
　　房、2018 年
4　文部科学省『小学校学習指導要領（平成 29 年告示）解説 総則編』2018 年
5　平木典子著『アサーション・トレーニングさわやかな〈自己表現〉のために』日本・
　　精神技術研究所、2009 年
6　園田雅代・中釜洋子・沢崎俊之編著『教師のためのアサーション・トレーニング』
　　金子書房、2002 年

Ⅱ

自律的な「生き方」を創る
道徳性の発達

第 **4** 章

道徳性の特徴と育成上の留意点

１ 道徳性とは

　小学校学習指導要領一部改正の告示第１章総則　第１「教育課程編成の一般方針の 2」より、学校における道徳教育は、「特別の教科 道徳」を要に、学校の教育活動全体を通じて行うものであると示されている。つまり、道徳科、各教科、外国語活動、総合的な学習の時間及び特別活動のそれぞれの特質に応じて、児童の発達段階を考慮して、適切な指導を行うのである。

　そして、道徳教育（道徳科、全教育活動を通して行う道徳教育）の目標は、「自己の生き方を考え、主体的な判断の下に行動し、自立した人間として他者と共によりよく生きるための基盤となる道徳性を養うことである。」と示されている。（波線は筆者。以下同様。）

　道徳性とは何か。それは、**よりよく生きるための基盤となるもの**であり、**人としてよりよく生きようとする行為を生み出す人格特性**であり、**人格の基盤をなす人間らしいよさ**のことである。したがって、道徳性は、徐々に、しかも着実に養われることによって、潜在的、持続的な作用を行為や人格に及ぼすものであるだけに、長期的展望と綿密な計画に基づき丹念な指導により養われていくものである。その道徳性を構成する諸様相としては、道徳的判断力、道徳的心情、道徳的実践意欲と態度があり、具体については、『小学校学習指導要領（平成 29 年告示）解説 特別の教科 道徳編』（以下、『解説道徳編』と表記）より抜粋し、示したものが表１である（注1）。

　このような道徳性の諸様相は、行為を主体的に選択し，実践するように働く資質・能力である。そして、これらは、実際に関連し統合されて行為

表1　道徳性を構成する諸様相

道徳性を構成する諸様相	具　体
道徳的判断力	善悪を判断する能力、人間としてどのように対処することが望まれるかを判断する力
道徳的心情	価値の大切さを感じ取り、善を行うことを喜び、悪を憎む感情。道徳的行為への動機として強く作用するもの
道徳的実践意欲と態度	道徳的判断力や道徳的心情によって価値があるとされた行動をとろうとする傾向性。道徳的価値を実現しようとする意志の働き（道徳的実践意欲）、それに裏付けられた具体的な道徳的行為への身構え（態度）

※表は筆者作成。以下同様。

に繋がっている。次のような実例で説明する。

　手押し車に大きな買い物袋を載せて押し歩いていたおばあさんが、横断歩道を渡ろうとしているとき、道路の亀裂のある部分に、手押し車の小さいタイヤがはまってしまい、動けず悪戦苦闘している。「それを助ける」とき、その行為へ駆り立てる動機が、相手への「思いやり」、あるいは「親切」にしようとする**「心情」**と言える。そして、その状況を見て自分が（人として）助けるべきであると**「判断」**したとする。この「心情」や「判断」によって、行動しようとする意志の働きが**「意欲」**となり、具体的な道徳的行為としての身構えである**「態度」**となる。

　そして、状況を正しく判断するためには、何が正しいことなのかに関わる「知識・理解」、判断を導く「思考力」、更に実際にどうするのかという「技能」も必要となるのである。

　このように、道徳性の諸様相とは、実際には関連し統合されて行為に繋がっていることがわかる。道徳性の諸様相は、「一人一人の児童が道徳的価値を自覚し、自己の生き方についての考えを深め、日常生活や今後出会うであろう様々な場面、状況において、道徳的価値を実現するための適切な行為を主体的に選択し、実践することができるような内面的資質を意味

している。」（注2）のである。

2 児童の発達段階に応じた道徳性の特徴と留意点

　道徳性についての具体的な記述は、道徳性の発達に関わり、例えば、小学校の場合、前回の『小学校学習指導要領解説道徳編』（平成20年8月発行）第1章第2節2の（3）「各学年段階における道徳性の育成」の中で、**児童の発達段階に応じた道徳性の育成について、各学年段階の特徴や留意点とともに詳細な記述がある**（注3）。参考として以下に示しておく。同様のことが、『小学校学習指導要領（平成29年告示）解説　総則編』第3章「教育課程の編成及び実施」の第6節「道徳教育推進上の配慮事項」の2「指導内容の重点化」の（2）「学年段階ごとに配慮すること」で書かれているが、詳細を考慮し平成20年発行のものを以下に示す。

低学年

・幼児期の自己中心性はかなり残っている。
・他人の立場を認めたり、理解したりする能力も徐々に発達してくる。
・動植物などへも心で語りかけることができる。
・善悪の判断や具体的な行為については、教師や保護者の影響を受ける部分が大きいものの、行ってよいことと悪いことについての理解ができるようになる。
・知的能力の発達や学校での生活経験によって次第に自主性が増し、様々なかかわりを広げていく。
・仲間関係においても、次第に自分たちで役割を分担して生活や遊びができるようになる。
・家庭や学級において、様々な役割を期待されたり、行ったりすることにより、集団の一員としての意識をもってかかわりを深めていく。

教師は

・児童が学校の生活リズムに慣れ、基本的な生活習慣を中心に規則的な行動が進んでできるように根気強くかかわること。
・行ってよいことと悪いことの区別がしっかりと自覚でき、社会生活上のきまりが確実に身に付くよう繰り返し指導すること。
・集団の一員としての自覚が次第に育つことにあわせて、みんなのために進んで働き役立とうとする意識を高めること。
・さらに、児童の素直な心を大切にし、空想的な想像の世界が広がっていくように、回りの人々や動植物等とのかかわりに留意すること。
・自然との触れ合いや、魅力的な読み物などを通して豊かな感性が育つよう配慮すること。

＊『小学校学習指導要領解説 道徳編』（平成20年8月）より抜粋し筆者作成。 以下同様。

中学年

・運動能力や知的な能力も大きく発達する。
・社会的な活動能力が広がり、地域の施設や行事などに興味を示し、自然等への関心も増す。
・問題解決能力の発達に伴い学習活動に一層の興味を示す。計画的に努力する構えも身に付く。
・自分の行為の善悪については、ある程度反省しながら把握できるようになる。
・性差を意識するのもこの頃でもある。
・集団とのかかわりにおいては、徐々に集団の規則や遊びのきまりの意義を理解して、集団目標の達成に主体的にかかわったり、協同作業を行ったり、自分たちできまりを守ろうとすることもできるようになるなど、自主性が増してくる。

・学級においては、いくつかの仲間集団ができ、集団の争いや、集団
への付和雷同的な行動も見られる。仲間や身近な人を意識して自己
の在り方を決める傾向も強くなるので、望ましい集団の中で成長す
ることが大切な時期である。

・自然や崇高なものとのかかわりでは、不思議さやすばらしさに感動
する心が一層はぐくまれる。

教師は

・この時期の児童が回りの人々のことを考えずに自己中心的な行動を
してしまう傾向もあることから、自主性を尊重しつつ、特に自分を
内省できる力を身に付け、自分の特徴を自覚し、そのよい所を伸ば
そうとする意識を高めること。

・相手の立場に立って考えさせながら、集団での協同活動の仕方や仲
間関係の在り方などについて指導するとともに、社会規範や生活規
範の意義についても適宜指導し、道徳的に望ましい具体的な体験を
日々生活で行えるように配慮すること。

・児童の間に個人差も目立ちはじめ、善悪の判断に基づく行動形成が
できるかどうかという重要な時期であるので、特に、一人一人をよ
く観察して、道徳的価値の自覚を深めるための適切な指導を行うこと。

高学年

・知的な能力において、抽象的、論理的に思考する力が増し、行為の
結果とともに行為の動機をも十分に考慮できるようになる。

・児童の価値観は、理想主義的な傾向が強く、自分の価値判断に固執
しがちである。

・自律的な態度が発達し、自分の行為を自分の判断で決定しようとす
るのに伴い、責任感が強くなり、批判力も付いてくる。

・異性に対しては、対立的にではなく、積極的な興味を抱くようになる。

・多様な体験を通して協同的な態度を引き出すことができる。

・集団や社会とのかかわりでは、属している集団や社会における自分
　の役割や責任などについての自覚が深まっていく。これは、第 6 学
　年の児童が最上級生として校内における集団生活のリーダーの体験
　をもつことによって、一層強められる。

・仲間集団は、開放的で柔軟なものへと変化する傾向があり活動の場
　を広げていく。

・自然や崇高なものとのかかわりでは、環境保護などに目をむけると
　ともに人間の力を超えたものへの畏敬の念も培われてくる。

教師は

・児童の自律的な傾向を適切に育てられるよう配慮すること。

・社会的な認知能力が発達するにつれ、より広い立場から民主的な社
　会を維持し発展させるための基本的な価値観や規範意識を養い、国
　家・社会の一員としての自覚を育てること。

・国際的な視点でものごとを捉えるとともに、日本の伝統と文化を尊
　重する態度を育成すること。

・自己に対する肯定的な自覚を促し、この時期の特徴である理想主義
　的な思考を大切にして未来への夢や希望をはぐくむことができるよ
　う、道徳的価値の自覚を深める指導を工夫すること。

注記

注1　文部科学省『小学校学習指導要領（平成29年告示）解説特別の教科 道徳編』
2018年、20頁
注2　同上『小学校学習指導要領解説 特別の教科 道徳編』20頁
注3　文部科学省『小学校学習指導要領解説 道徳編』2008年、18-20頁

参考文献

1　文部科学省『小学校学習指導要領一部改正の告示』2015年
2　文部科学省『小学校学習指導要領（平成29年告示)解説特別の教科 道徳編』2018年
3　文部科学省『小学校学習指導要領解説 道徳編』2008年
4　文部科学省『小学校学習指導要領（平成29年告示)解説総則編』2018年

第 **5** 章

道徳性の認知的発達理論と
「生き方」

■1 道徳性の認知的発達理論

　児童生徒の実態把握には、様々な視点による多様な方法があり、一人一人の道徳性に関わる状況や実態を理解する一つの方法として（これのみに固執するということではなく）、道徳性の認知的発達理論を活用することは、有効であると考える。そこで、道徳性の認知的発達理論の概要について、荒木紀幸氏の編著書『続 道徳教育はこうすればおもしろい』より紹介する。

　道徳性の発達理論の提唱者であるローレンス・コールバーグは、道徳性の発達とは、「道徳的な判断や推論、つまり道徳的認識（公正や正義）の見方、考え方が変化することだという。同じ行為であっても、なぜそれが正しいのか、よいことなのかについて、その理由を道徳性の発達という観点から分析するとまったく違う」とし、「道徳性のありようを道徳判断の質の違いとなって発達的に変化して現れるという認知構造の質的変化から」説明する（注1）。したがって、認知的発達理論ともいう。「この理論は哲学的基礎をデューイ（Dewey, 1903）理論に、心理学的基礎をピアジェ（Piaget, 1930）理論に置いて」おり（Kohlberg, 1969；佐野・吉田, 1993）、道徳性は、「認知能力と役割取得能力の発達と結びついて発達すると仮定」する（注2）。荒木氏はこの理論を受け、「道徳教育の目標は、子どもの道徳性を子どもの達している段階よりも高めることである」とし、その上で道徳性をどのように発達させるかという方法について、発達を促す「認知能力と役割取得能力の関係」を **「道徳性の発達と構造」** とし以下のようにまとめた（注3）。

年　齢	認　知　能　力	道　徳　性　の　発　達		役　割　取　得　能　力
		水　準	段　階	
大人 高校生	形式的操作	III　慣習以降の 自律的、原 理的原則 水準	6　普遍的、 　　原理的原則	社会、慣習システム
			5　社会契約、 　　法律の尊重	
中学生		II　慣習的水準	4　法と社会秩序 　　の維持	
			3　他者への同調、 　　よい子志向	相　互　的
小学生	具体的操作 （可逆的）	I　前慣習的水準	2　道具的互恵、快楽 　　主義	自己内省的
			1　罰回避、従順志向	主観的
	前概念的操作		0　自己欲求希求志向	自己中心的

道徳性の発達と構造（荒木、1990）

＊荒木紀幸編著『続　道徳教育はこうすればおもしろい　コールバーグ理論の発展とモラ
ルジレンマ授業』北大路書房、1997 年、128 頁より筆者抜粋。

　認知能力と役割取得能力の概要については、以下の通りである（注4）。

認知能力と役割取得能力の概要

認知能力	認知能力は、世界を知り、自分と世界との間の適応をはかる（均衡化）知的な能力であり、認知的な発達は、自分と世界との間に生じた矛盾や疑問、混乱、不整合といった不均衡な状態を子ども自らが行なう自己調整によって解消することにより達せられる
役割取得能力	相手の立場に立って心情をおしはかり、自分の考えや気持ちと同等に他者の考えや気持ちを受け入れ、調整し、対人交渉に生かす能力をいう。このなかには、①自他の観点の違いを認識すること、②他者の感情や思考などの内的特性を推論すること、③さらに、それに基づいて自分の役割行動を決定することの3つの機能が含まれている

＊同『続　道徳教育はこうすればおもしろい　コールバーグ理論の発展とモラルジレンマ授業』
128-131 頁より筆者が抜粋し作成。

　コールバーグは、様々な批判を受けながら彼自身も理論修正を加えているが、日本を含めた世界各地における調査結果から、普遍的に同じような認知的発達の段階構造をもっていることが認識されており、発達段階については、第6段階まであるが、多くの研究結果等から、日本では小・中学

生が、第4段階くらいまで発達すると捉えられている。したがって、この段階構造の特徴を有効活用していくことは、一つの方法として大変意義のあることと考える。「**道徳性の発達と構造**」（荒木、1990）のうち、前慣習的水準の段階1と段階2、慣習的水準の段階3と段階4までの道徳性発達の特徴を簡単にまとめ、提示したものが表4である（注5）。

段階1の「罰回避、従順志向」は、大人の決めたきまりや権威に、素直に従うという特徴である。正しさは、権威者である大人や教師、両親であるとし、先生や親から叱られないように大人の言うとおりに行動することを意味する。

段階2の「道具的互恵主義志向」は、子どもは親や先生、友達等の関係において、お互いの利益になることを正しさと捉える特徴をもつ。したがって、ギブアンドテイクの関係と言われる。

段階3の「よい子志向」は、周りの人が自分をどう見ているのか、期待していることは何かが、正しさの基準となる特徴をもつ。よい人間関係を保ち、他人に気を配り、期待にあった行動をとることが信頼を得て、人間としての「よい子」のイメージとなる。内面化された良心が形成される時期でもある。

段階4の「法と社会秩序の維持志向」は、個人的な人間関係から社会的な組織の中で、あるいは法や社会秩序の中で生活するにはどうあるべきかを考え守ることが正しさの基準となる特徴をもつ。国や地域社会に積極的に貢献し、きまりに従い義務や役割を果たすことで、社会的な責任を取ることを考え行動することを大切にする時期と言える。

このような道徳性の発達段階をどのように活用するのかについては、留意が必要である。つまり、段階が上だから優れている、下だから劣っているということではないのである。道徳性の発達は他人との競争ではなく、過程である。教育的な取組を行う上で、子ども一人一人が、継続していくどのような過程のどのような考え方をしているのかを理解し、その実態に配慮した効果的な実践をしていくことは、教育として当然のことである。

表4　各段階の道徳性発達の特徴

水準	各段階	志向	特徴
前慣習的水準	段階1	罰回避従順	「大人の言われた通りにすることが、正しいこと」 ○善は報われ、悪は罰せられる ○大人を道徳の唯一の根源とし、大人が命じることをすることが正しい ○心の中に、二つのことを同時にもつことができない
	段階2	道具的互恵主義	「私がそれをしたら、どんな得があるの」 ○正しい行為は、自分自身の考えに従うこと ○正しい行為は、人がした通りのことを（善悪いずれも）人々にすること ○大変具体的な外面世界
慣習的水準	段階3	他者への同調よい子	「素敵な人とは、期待に叶うりっぱな行動ができる人」 ○自分が人からして欲しいことを他人にもすること ○正しい行為とは、他の仲間の幸福をも追求すること ○自己価値感情をもつために、他の人の承認が必要
	段階4	法と社会秩序の維持	「みんなが、それをすると　どうなるだろうか」 ○正しさの基準は、社会秩序や法律を守ること ○正しいことは、社会に貢献し、義務を果たすこと ○最高の使命は、責任感をもつこと

＊同『続　道徳教育はこうすればおもしろい　コールバーグ理論の発展とモラルジレンマ授業』135-149頁、トーマス・リコーナ―著『子育て入門』（三浦正訳、慶応義塾大学出版会）、1988年、117-229頁を参考に筆者作成。以下同様。

したがって、一人一人にレッテルを貼り価値付ける（評価だけする）ためのものではないと、心しておくことが大切である。

　また、発達段階は、仮説であり、検討をし続けていくものである。唯一絶対であり、児童生徒が必ずたどる道筋であるとの思い込みにならぬよう注意する必要がある。

❷「生き方」の形成に生かす道徳性の認知的発達理論

　この道徳性の認知的発達理論に基づく「各段階の道徳性発達の特徴」は、

第 4 章の❷児童の発達段階に応じた道徳性の特徴と留意点と合わせて、児童生徒の**「生き方」**を創る上で生かすことが可能である。

　これからの社会は、今まで以上に先行き不透明であり、どのような問題や課題を突き付けられるのか想像できない状況にある。そのような中で求められている、自ら考え、判断し、解決したり、行動したりできる資質・能力を育んでいくためには、人としての根幹たる学びに向かう力や人間性等に関わる「自分はいかに生きていくのか」という自律した**「生き方」**として先述した、

> その人の気持ちや考え方
> 価値観や信念、信条
> 生きる上での姿勢や態度、身構え
> 行動、生きる道

を、「道徳科の授業」や「全教育活動を通じた道徳教育」、「生徒指導」、つまり「学級経営」を通して学び創っていく必要がある。そのためには、「児童生徒の実態把握」に基づいた取組が欠かせないのである。どんなに優れた理論や方法だとしても、児童生徒の実態を考慮しない取組では十分な効果を得られない。道徳性の発達段階の内容は、仮説であり、検討し続けていくものであるが、**「生き方」**についての特徴や傾向性を示しており、現段階として具体的な指導に生かすことができる。（波線は筆者。以下同様。）例えば、良好な人間関係づくりについては、学級経営上必要不可欠な教師と児童生徒、児童生徒同士の関係づくりで生かせることは多い。児童生徒が、主体的に道徳的なものの見方や考え方等、つまり**「生き方」**を形成していくために、そして、最善の実践や自分が正しいと考えることを実行できるようにするために、教師はどのようなアプローチを取るのかについて、道徳性の発達段階の特徴から具体策につなげることができるということである。紙面の都合上、詳細については、拙著（2015）に譲るが、

ここでは「前慣習的水準の段階1と2」、「慣習的水準の段階3」を1例ずつ紹介する。その特徴から、段階1は「罰回避、従順志向」、段階2は「道具的互恵主義志向」であり、段階3は「他者への同調、よい子志向」と言われる。以下、その特徴について、より具体的に示す。（道徳性の発

段階1の特徴とその具体

特徴	具体
全は報われ、悪は罰せられる	段階1の考え方をする子どもは、決まりを破る人たちは罰せられるべきだと、とても強く信じているので、小さな悪事に対してさえ、厳罰を提案することがしばしばある。 　また、人に何か悪いことが起こると、その人はそれに値する悪いことをしていたに違いないと信じる。
大人を道徳の唯一の根源とし、大人が命じることをするのが正しい	この段階の時期の子どもは、他の人たちの考え方や感じ方が、自分の考え方や感じ方とは異なるものだと理解できるようになるが、様々な人たちの立場に立てるとはいっても、唯一の立場が本当に正しいのだと判断する。それが、権威者である大人の立場である。つまり、服従が義務であるという善悪の理論を子どもが立ててきており、好むと好まざるとにかかわらず、大人に服従すべきだと実際に信じ込み、親の言いつけどおりにしないことは、悪いことだと考える。 　したがって、トラブルを避けることは、命令や決まりを守っていくときの唯一の理由となる。このことは、この段階の子どもの道徳的なものの考え方が続く限り、継続する。 　このように、大人の権威に素朴なかたちの尊敬の念をもつことは発達上の重要な成果と言える。しかし、その成果は、どうして尊敬の念をもつのか、また、どうして大人の命令に従うのかの理由を聞くと、結局は、罰がこわくてとなる点で、限界がある。 　たとえば、決まりについては、決まりをつくるのは大きい大人たちなのだと気付く。そこで、子どもは、大きい人たちが決まりをつくるものだということから、大きい人たちが決まりをつくるべきものだと考えるようになる。結局、大人は力をもっているので、この権利をもっているのだとし、力は正義となってしまう。決まりの実際的な目的を理解していないので、決まりは、人々が共に生活し、共に歩むことを可能にするという、お互いの公正の状況の理解には及んでいない。つまり、決まりは表面的、形式的なものである。そして、この段階の考え方をする子どもたちは、人間関係にとって決まりの必要性の理由を把握していないので、決まりは子どもの行動にしっかりとした方向性をもたせてはいない。
心の中に、二つのことを同時にもつことができない	この段階の子どもは、道徳を一方通行と考える傾向にある。考え方を共にすることをしない、ただ一つの視点、すなわち、大人の権威ある考え方にのみ中心をおくという特徴がある。 　したがって、りっぱであることは、罰のまったく無い方向に進もうとして、大人の言うとおりにすることなのだ（他を排除して一つのことへ集中化する）と判断する。

達段階を活かした授業の具体は、第7章の**4**を参照）段階1は、幼稚園・
保育所〜小学校低学年に多く見られる特徴である。

　以下、このような特徴を生かした指導として、身近な学校生活における
事例を紹介する（注6）。

〈例〉　「Bちゃんが、私の悪口を言うの（告げ口）」

　　Aちゃんは、小学1年生の女の子。ある日の昼休み、Aちゃんは
学級の友だちと体育館で遊んでいたが、5分も経たない間に、教室に
もどってきた。そして、ものすごく怒った顔をして、口癖になってい
る「○○ちゃんが、わたしの悪口を言うの」と訴えてきたときの、A
ちゃんと先生（T）の会話である。

A「あ〜あ、おもしろくない！」
T「あらら、どうしたの？」
A「おもしろくないの！」
T「さっき、体育館で遊ぶと言って、体育館に行ったよね？」
A「うん。それで、鬼ごっこしていたら、Aちゃんは、同じ子ばかり
　　捕まえるからおもしろくないって、Bちゃんから言われて……。
　　先生、なんとかしてよ。」
T「そうだったの」
A「Bちゃんが、私の悪口ばかり言うの。」
T「Bちゃんが言ったの？」
A「いや、みんな……。」
T「みんなが言ったの？　みんなって、他にだれ？」
A「…………たくさん。」
T「Aちゃんは、同じ子ばかり捕まえたの？」
A「ちょっと……。でも、他にCちゃんも捕まえたよ。」

T「そうですか。」

A「先生、体育館に来て、みんなに注意してよ。」

T「Aちゃんは、ここ最近、悪口言われること多いのかな？」

A「そうなの。」

T「それじゃあ、遊んでいた友だちも呼んで、お話聞いてみるかい？」

A「いや、いいわ。遊ぶ時間なくなるし……。」

T「自分で解決できるの？」

A「大丈夫だと思う。あ～、いやになっちゃう！」

　そう言って、Aちゃんは、体育館へ行きました。

《解説》

　Aちゃんは、最近、自分の思うとおりに遊ぶことができないとき、よく、担任の先生に告げ口をするようになっていました。このような告げ口は、段階1の過程においては予測される行動で、時として、「しつこいな」と感じてしまうほどの告げ口を聞くこともある。

　段階1の子どもは、大人はあらゆる決まりをつくり、またそれを実施する責任者と理解し、告げ口も多くなる傾向にある。

　ここでは、Aちゃんが、みんなからいじわるをされたり、仲間外れにされたりしている状況にはないこと、また、自分の思い通りにならないとき、告げ口に来るという状況にあること、そして、自分で処理できる状況であるという先生の実態把握から、「自分で解決できるの？」と聞いている。

　大切なことは、「不必要な告げ口」と「必要な告げ口」の相違を教え、はっきりとさせることである。

《対応のポイント》

継続した実態把握で "「不必要な告げ口」か「必要な告げ口」かを明確に"

　そこで、先生は、体育館で遊ぶ A ちゃんをはじめ、学級の他の子どもの様子を観察するとともに（もちろん、子どもと一緒に遊んでいるときの告げ口もある）、昼休みが終わり、A ちゃんが教室にもどってきたとき、次のように話した。

T「A ちゃん、みんなと仲良く遊べたかな」

A「うん」

T「先生が行かなくても、大丈夫だったね」

A「うん」

T「えらかったね。いつも、先生が行かなくてもよいのですね」

A「はい」

T「でも、本当に困って、悲しくなるときがあったら、先生に教えてね」

　この段階の子どもには、しっかりとした実態把握のもとで、大人が「不必要な告げ口」か「必要な告げ口」を明確にして対応することが大切である。

　次に段階 2 は、小学校低学年～中学年に多く見られ、段階 2 は「道具的互恵主義志向」と言われ、人間関係を「ギブアンドテイク」の関係としてみる特徴がある。

段階2の特徴とその具体

特徴	具　　体
正しい行為は、自分自身の考えに従うこと	正しい行為とは、大人の決めた決まりに従うことだけではなく、それ以外のこともあると理解する。良いきまりは人々の見解を取り入れているもので、さらに、人々は自分にとって最善であると考えることが実行できなければならないと考える。（もちろん部分的にしか有効でない善悪の観念であり、全体的なものではない）この論理は、「自分のことは自分でせよ」という原理につながり、人はそれぞれが正しいこととは何かについての、その人自身の考えをもっているのだから、みんなは自分のしたいことをする権利をもつべきである。 　つまり、子どもも人間であり、親と同じように「権利」をもっていると考える特徴がある。
正しい行為は、人がした通りのことを（善悪いずれも）人々にすること	この段階の子どもは、道徳面での平等感情を正しい取引きの過程、お返しの過程とみる傾向にある。つまり、誰かが私に何かをしてくれたので、私はその人に何かをしようとする利己主義が前面におどり出てくるような、お返しの公正観念をもつという特徴がある。とくに、衝突する場面では、「私がそれをして何の得になるのか」という動機を、あからさまにすることがある。段階2のお返しの公正観念のもつ軽薄な面は、「相手と同じやり方でやりかえせ」「人がした通りのことを人々にせよ」という厳密な報復の信念（目には目を）である。 　しかし、この段階の正義観念が、人に卑劣なことをする人たちにお返しできるという否定的なお返しを確信しているが、一方で、人に良いことをする、返礼するという肯定的なお返し（肯定的な公正観念）も確信していることが段階1の思考とは異なる特徴と言える。このお返しの公正観念は、平等に対する熱意の表れで対等交換を意味している。しかも、先のことを読めないので、事態が今すぐ平等化されることを望んでいる。
大変具体的な外面世界	段階2は、具体的な動作と反作用、やりとり、商売と取引等でいっぱいである。そして、これは、外面的な世界であって、内面的な世界ではない。この段階では、自分たちが有害であると認めることをしない限り、自分の行為は、誰の感情も損ねてはいないものであると考える傾向がある。 　例えば、子どもがしきりに嘘をつく一つの理由は、嘘をつくことがいかに感情を損ねるものとなるかを理解できていないからである。この年代で、よく子ども同士が互いに浴びせ合うあらゆる悪口や侮辱は、段階2のがむしゃらな主張と、感情という内面的な世界への関心の欠如からもたらされるものである。その一つの証拠に、子どもは、自分が悪口を言われるのを好まないのに、自分がやっつけているときにもたらしている、他人の傷つけられた感情を理解していないことがある。

　以下、このような特徴を生かした指導として、身近な学校生活における事例を紹介する（注7）。

〈例〉「前に、ぼくの頭を叩いたよ」

:::
　A 君は、目立ちたがり屋で、何事にも自分が、一番でないと気の済まない性格の小学 2 年生男子。生活科の時間に、グループで町探検の計画を立てていた時のこと、リーダーの決め方で怒った A 君が、隣に座っていた B 君の頭をげんこつで叩いた。その場面を見ていた担任の先生が、声をかけた。

T「A くん、叩くのは良くないよ。なぜ、叩いたの」
A「だって、B 君は、ぼくがリーダーになることに反対するんだもの」
T「反対したら、叩いていいの」
A「だって、前に B 君は、ぼくの話に怒ってぼくの頭を叩いたことが
　　あるから、叩いたんだよ」
T は、A くんと B くんを見て、
T「そんなことがあったの？」
A くんと B くんは沈黙
T「自分の考えが通らないとき、相手を叩くと解決できるのかな？」
A「……」
B「……」
T「B くん、A くんに叩かれてどんな気持ちだったかな？」
B「どうして、叩くの。やめてと……」
T「そうですか。では、A くん、前に B くんに叩かれたとき、どんな
　　きもちだった」
A「同じです。どうして叩くのって……気持ち」
T「そういう嫌な気持ちしか残らないよね」
:::

T「お互いに怒って叩いたりして、解決できるのかな？」
A「できない」
B「うん」
T「では、お互いに叩いたことを謝ってください」
A「ごめんね」
B「いいよ。ぼくも叩いてごめんね」

《解説》

　相手と同じやり方でやり返すという行為（厳密な報復の信念）は、この段階2の特徴である。このような思考は、兄弟や仲間との人間関係に衝撃を与える。この段階で子どもは、なぜ多くの喧嘩になるのか。その理由の一つに、子どもは、何事も大目に見ることができないというものがある。全てのことにお返しをしなければならないという思考である。しかし、段階2は、人に良いことをする人々に返礼することも確信しているので、この肯定的な公正観念を役立てることも大切であり、有効な手段の一つとなる。

《対応のポイント》

"やられたらやり返すでは、解決にならない。みんなの考えを"

　そこで、先生は、お互いにやられたらやり返すという機械的な行為では怒りだけが生まれ、問題解決にならないことを話し、その後、解決方法の一つとして、Aくん、Bくんを含めたグループのみんな（G）に次のように提案をした。

T「グループのリーダーは、誰でもできるんだよ。でも、リーダーに

大切なことの一つは、みんなの考えや意見を聞いて、行動できる
　ことです」

G「はい」

T「いつも、同じ人の意見や考えだけが取り入れられて、他の人の考
　えが無視されているようなグループでは、良いグループと言えま
　せん」

G「はい」

T「もちろん良い考えは取り入れる必要がありますが、いつも同じ人
　の考えばかりを聞き行動するだけではなく、今度は、CくんやD
　くんの考えを取り入れてやってみよう！というように、みんなの
　考えを聞くことが大切なことです」

と言い、交替を教えるとともに、再度、怒りをそのまま相手にぶつけ
ることが、相手に嫌な思いを感じさせることに繋がり、逆に友達との
関係を悪くすることになると指導したのである。

　次に、段階3の特徴とその具体を以下に示す。段階3は、小学校の中学
年〜高学年や中学生に多く見られる特徴であり、「素敵な人とは、期待に
叶うりっぱな行動ができる人」という志向性をもつ。

段階3の特徴とその具体

特徴	具　体
自分が人からして欲しいことを他人にもすること	段階2では、子どもはお返しを信じている。それは、人々がしてくれたように人々にもしなさいということである。しかし、段階3では、子どもは黄金律を信じている。それは、人々からしてもらいたいと望んでいることは、人々にもそのとおりしてあげなさいということである。 　この段階の考え方をする人は、段階2の短所を目には目をという復讐の倫理だと理解している。それは必ずしも問題を解決するものであるとはかぎらないからである。

段階3の特徴とその具体　　　　　　　　　　　　　　　（続き）

特徴	具体
正しい行為とは、他の仲間の幸福をも追求すること	段階3の最も素晴らしいことの一つは、本物の利他主義の能力が表れてくることでる。つまり、他の人たちに強い感情移入をするようになるとともに、その人たちを助けてあげたいという強い関心がうまれてくる。（相互作用的な役割取得ができるので、他者の気持ち、第三者の気持ち、あるいは一般的他者の気持ちを統合して、みんなにとって公正公平であるように判断することができるようになる）人は他の人々のために親切な行為をすべきである、自分は役立つ人になるべきであると理解しており、報酬を得ることなどに色目をつかうべきではない、と信じている。（しかし、実はこの段階でも報酬はある。「私は親切なことをしたから、私はりっぱな人間なのです」と考えることから生まれてくる心温まる輝きという報酬である。） 　つまり、「よい人」「りっぱな人」のイメージ（期待され、信頼される人間とは、よい動機、よい意図をもち、まわりとのよい人間関係を保つことを心がけ、他人に気配りし、他人の期待にあった振る舞いができる人物）にしたがって行動するのである。 　また、子どもは、自分で尊敬したい自我像をもつので、はじめて誠実な良心をもつようになるという特徴をもつ。（けれども、自分が正しいと思っていることを行動に移す勇気を必ずもっているわけではない。人は、どうして助けてあげなければならないのか、その理由は理解している。）だから、身近な親が「よい人」「りっぱな人」のイメージを形成させることは、大変重要なことである。
他の人の承認が必要 自己価値感情をもつために、	11歳〜12歳の早い時期で、形式的、操作的思考のいくつかの面が始まるといわれるこの段階では、「私は、どんな人間なのだろうか、どんな人間になろうとしているのだろうか」等のアイデンティティに関する問いに苦しむ。したがって、自分の周りのすべての物事に関する鋭い意識をもつとともに、自己価値感情を持てないことから、この時期の子どもは極度に批判的になる。しかし、批判的であるのに、自分に対する批判には極度に敏感になる。 　したがって、この段階の子どもが自己価値感情をもつためには、外の世界でもそれを入手する必要がある。その外の世界とは、仲間集団である。この仲間集団からの承認を得ようとして、彼らは必要なことを何でもする。そして、ひとたび入手すると、今度は、失わないようにと、必要なことを何でもする。 　この時期、私たちができる大切なかかわりは、必要なときに承認を与えるということである。

　このような特徴を生かした指導の例を以下に示す（注8）。

〈例〉 「みんなが、それで遊んでいるんだよ！」

A君は、活発に遊ぶ、元気のよい少し大人びた小学4年生の男子。いつも、下校後は、約束をしてきた友達と遊んでいた。その日も、学校から帰ってくるなり、カバンを自分の机の上に置くと、友達の家に遊びに行ってしまった。（実は、そのようなことについて、よく親から話を聞いていた。遊びでは自分のしたいことをできない状況であった。）次の日、学校での先生（T）とA君の会話である。

T「昨日も、友達と遊んだのかい？」
A「うん、遊んだよ。」
T「どこで、遊んだの？」
A「C君の家で。」
T「C君の家で、何をして遊んだの？」
A「DSで……。」
T「ほー、ずーと、DSをしていたの？」
A「うん。昨日は5人集まったけれど、みんなDSを持ってきていたから。」
T「そうなんだ。DSをしていたら、話すことあるの？」
A「あんまり、ないかなー。」
T「そうしたら、友達の家には行くけれども、あまり話もしないで、一人一人がDSだけしているの？」
A「昨日は、そうだったね。そういう日も結構あるよ。」
T「せっかく友達と遊ぶのだから、DS以外の遊びをすればいいのに。」
A「だって、先生、みんながDSで遊んでいるんだよ……。学級のみんなが、それで遊んでいるんだよ！」
T「へー？　でも、先生は数を理由にした結論は信用しないんだよ。たくさんの人がしているから、それが正しいとか、良いという決め

方はしないよ。もちろん、時には友達の意見に合わせて遊ぶことも
あるとは思うけれどもね。いつも、友達の言うとおりだと、A君
がA君でなくなると楽しくないだろ！」

A「……うん。」

《解説》

　　A君は、「みんなが、している」という理由を述べ、仲間と同調す
る行動を正しいことと考える、段階3の過程においてよく見られる状
況にある。

　　この時期の子どもは、仲間からの圧力を跳ね返すのに、困難な時期
を迎えている。なぜなら、個人的な人間関係に気を配り、良い仲間で
あろうとし、承認や受容を得たいと考えているからである。

　　つまり、時に八方美人と化し、「みんなが、それをしているから」
と言い、仲間と同じ行為をしようとする傾向がある。

　　したがって、正しい行為とは、どういうことかを考えさせることが
大切になる。

《対応のポイント》

"群衆から離れて立てる人のモデルを示す"

そこで、先生は、A君に次のように話しかけ考えさせることにした。

T「自分は、たった一人で、他の人とは違う固有の人間であることが、
　まず大事なんだ。みんなに合わせて行動しなければならないことも、
　時にはあると思うよ。けれども、A君はA君であり、B君やC君
　ではないんだよ。A君が興味のあることをすることが、一番なん

　だ……。」

A「うん。」

T「わがままを通すというのではなく、周りの友達に、自分の考えや
　思いをはっきりと伝えることができる人になることも大切なこと
　なんだよ。」

と話し、多くの仲間に埋没するのではなく、時に離れた場所から、状
況を見て、自分で判断し行動することが、自分に正直に生きることで
あると説明した。また、先生は、別の機会に、遊びについて学級全体
で話し合う時間をつくり、同じような話題から考えさせたのである。

＊段階 1 ～ 3 の特徴とその具体は、『続 道徳教育はこうすればおもしろい コールバーグ理論の
　発展とモラルジレンマ授業』北大路書房、1997 年、135-149 頁、トーマス・リコーナ―著『子
　育て入門』（三浦正訳、慶応義塾大学出版会）、1988 年、117-229 頁を参考に、段階 1 ～ 3 の
　例は、荒木紀幸・堀田泰永・樹澤実・松本朗編『わたしたちの道徳教材別ワークシート集 1・
　2 年編、3・4 年編』明治図書、2015 年を基に筆者作成。

注記

注 1　荒木紀幸編著『続 道徳教育はこうすればおもしろい コールバーグ理論の発展と
　　　モラルジレンマ授業』北大路書房、1997 年、126 頁

注 2　同『続 道徳教育はこうすればおもしろい コールバーグ理論の発展とモラルジレ
　　　ンマ授業』126-127 頁

　　　Dewey, J. 1903 *The logical conditions of a scientific treatment of morality.*
　　　Chicago, I llinois: Univ. of Chicago Press.

　　　Piaget, J. 1930 *Le Jugement moral chez. l'enfaut.*

　　　佐野安二・吉田謙二　1993　コールバーグ理論の基底　世界思想社

注 3　同『続 道徳教育はこうすればおもしろい コールバーグ理論の発展とモラルジレ
　　　ンマ授業』128 頁

注 4　同『続 道徳教育はこうすればおもしろい コールバーグ理論の発展とモラルジレ
　　　ンマ授業』128-131 頁

注 5　同『続 道徳教育はこうすればおもしろい コールバーグ理論の発展とモラルジレ
　　　ンマ授業』135-149 頁、トーマス・リコーナ―著 三浦正訳『子育て入門』慶応
　　　義塾大学出版会、1988 年、117-229 頁

注 6　荒木紀幸・堀田泰永・樹澤実・松本朗編『わたしたちの道徳教材別ワークシー

ト集 1・2 年編』明治図書、2015 年、150-152 頁

注 7　同『わたしたちの道徳教材別ワークシート集 1・2 年編』152-153 頁

注 8　荒木紀幸・堀田泰永・楜澤実・松本朗編『わたしたちの道徳教材別ワークシート集 3・4 年編』明治図書、2015 年、183-184 頁

参考文献

1　文部科学省『小学校学習指導要領（平成 29 年告示）解説 総則編』2018 年

2　文部科学省『小学校学習指導要領（平成 29 年告示）解説 特別の教科 道徳編』2018 年

3　文部科学省『中学校学習指導要領（平成 29 年告示）解説 特別の教科 道徳編』2018 年

4　荒木紀幸編著『ジレンマ資料による道徳授業改革─コールバーグ理論からの提案─』明治図書、1990 年

5　荒木紀幸編著『続　道徳教育はこうすればおもしろい　コールバーグ理論の発展とモラルジレンマ授業』北大路書房、1997 年

6　荒木紀幸・堀田泰永・楜澤実・松本朗編『わたしたちの道徳　教材別ワークシート集 1・2 年編、同 3・4 年編、同 5・6 年編』明治図書、2015 年

7　トーマス・リコーナー著『子育て入門』（三浦正訳、慶応義塾大学出版会）、1988 年

Ⅲ

自律的な「生き方」を創る
道徳科授業づくり

第 **6** 章

道徳科授業づくりの留意点と 学習指導案作成方法

■1 道徳科授業づくりの留意点

　道徳科の授業に関わり教師が留意したいこととして、現場で頻繁に耳にしたことの中から、特に以下の4点を挙げる。

---

(1)　導入に時間をかけすぎない

(2)　一方的に解説し価値を教え込まない

(3)　日常生活における反省や決意表明ばかりをさせない

(4)　授業のまとめを形式的に行わない

（1）時間の長い導入

　道徳科における導入の役割は、本時でねらいとしている内容項目（道徳的価値）への方向付けを行うことである。したがって、導入で児童生徒を惹きつけたいと考えるのはもちろんのことである。そのために、日常生活を想起させたり、予め行っていたアンケート調査の結果を示したり、関係の映像や写真を活用したりなど、その方法は様々である。ところが、その結果として、45分間（中学校50分間）という限られた授業時間の中で、多くの時間を費やしてしまうと、その後の、導入を基にした児童生徒の道徳的価値についての考え方を深める活動が疎かになりやすい。導入で価値の方向付けをした後、教材文を読み、登場人物に役割取得するなどして心情に共感したり、行動について考えたり、更に自分ごととして深めたりす

るには、対話を通して考えていけるような学習展開が欠かせないのである。したがって、導入でどのくらいの時間が必要になるのかについて、留意することが大切である。

（2）教師の価値の押し付け

　本時で扱う内容項目（道徳的価値）について、対話を通して考えることをせず、「この状況では〜するのがよい。」「この状況では、ふつう〜すべきである。」「つまり、〜するのが大切である。」「〜してはいけない。」などと言って終わるような授業では、児童生徒が道徳的価値を自分なりに考え深めていく学習には程遠いと言わざるを得ない。道徳的価値を強制的に理解し教え込むことが道徳科授業のねらいではないのである。多様な視点を基に、自分ごととして考えることの必要性を理解したい。

（3）安易な決意表明

　本時で扱う内容項目（道徳的価値）について、対話を通して考えることをせず、「〜をがんばります。」「……できるように〜をがんばります。」「私の目標は、〜することです。」などと、いつも発言し終わるような授業では、児童生徒にとって道徳科が反省する時間、形式的に目標を立てる時間として位置付いてしまう。もちろん、自分の日常生活を振り返ることで、できていない自分を自覚し、これからの自分の生き方について、「〜していきたい。」と発言したり、道徳ノートに自主的に「なりたい自分」として記述されたりすることはある。対話を通して考えた結果として、自分ごととして意欲的に発せられる「〜したい。」という授業づくりが大切である。

（4）安易なオープンエンド

　道徳科の授業にも、まとめはある。ただし、まとめ方は授業のアプローチの仕方により様々であり、安易なオープンエンドにならないことが大切である。例えば、

・本時で考え、出された意見等が板書された黒板を見て、目標との関わりでどのような話し合いを行い、どのように感じ考えたのか、また、その結果今までに見られなかった視点から深く考えたことを確認するまとめ
・話し合いや議論により吟味しながら一定の解決策に至った問題解決的な授業では、児童が主体的に道徳上の問題を発見したこと、そして、自分なりの価値観や考え方をつくり上げたこと、さらに、結果としてどのような解決策を提示できたのかに関わるまとめ
・登場人物はどうすべきか、自分ならどうすべきか、人間としてどうすべきかを考え追究した結果を振り返るまとめ
・扱う道徳的価値との関わりで、どんな心情があり、判断があり、思考があり、行動化として進んだのかなどを振り返るまとめ
・本時のねらいと関わる説話や絵本の読み聞かせ（低学年で多い）、短い格言や映像等を工夫して活用し、実践意欲へつなげるまとめ
などがある。

２ 道徳科学習指導案作成方法

（1）道徳科の学習指導案の内容

　道徳科の学習指導案の内容について、例えば、『小学校学習指導要領（平成29年告示）解説 特別の教科 道徳編』（以下、『解説道徳編』と表記）では、第4章第2節の2「道徳科の特質を生かした学習指導の展開」で、説明されている。各教師の創意工夫が期待されるとして、特定の形式はないが、一般的に以下のような事項を取り挙げている。簡単に説明を加えて記述する。（波線は筆者。以下同様。）

【主題名】
　原則として年間指導計画における主題名を記述する。端的に短い言葉で記述する。　例「最後まで粘り強く取り組む」「素直に伝える」

など

【ねらいと教材】

　年間指導計画を踏まえてねらいと教材名を記述する。教材の内容との関りでねらいに関わる一番のポイントとなる場面（中心場面、主人公の心情や行動等が変わる場面など）で具体的に記述する。

　例「なみだを流したコロの気持ちを考えることを通して、あやまちを認めることにより、明るい心で生活できることに気付き、素直な気持ちで生活しようとする心情や実践的な態度への構えを育てる。

【主題設定の理由】

　ねらいや指導内容についての教師の捉え、それに関する児童のこれまでの学習状況や実態と教師の願い、使用する教材の特質やそれを生かす具体的な方法などを記述する。

【学習指導過程】

　ねらいに含まれる道徳的価値について、児童が道徳的価値の理解を基に、自己を見つめ、物事を多面的・多角的に考え、自己の生き方についての考えを深めることができるようにするための教師の指導と児童の学習の手順を示すもの。一般的（基本的）には、導入、展開（これを展開前段と展開後段の2段階に分けることが多い）、終末に区分し、記述することが多いが、別に詳細を示す。

【その他】

　他の教育活動との関連、評価の視点、教材の分析、板書計画、他の教員及び保護者や地域の人材との協力や指導の方法、円滑な流れに向けた必要事項などを記述する。

（2）一般的（基本的）な授業の流れ

　本時で扱う内容項目（道徳的価値）について、日常生活との関わり（例えば、児童個人の経験談や実際の学校生活で行ったこと等から関係の深い内容について話題にする）で道徳的価値の方向付けをし、その後、関連し

た教材を読み（教師の範読が多い）、登場人物の確認や出来事について共通理解を図る。次に、教師による補助発問や主発問を行い多様な視点から、個人内及び集団で対話することにより自分ごととして考えるなどする。その後、一般化を図る。最後は、自分なりの判断や心情、考えに基づく実践的な意欲や態度への構えを育む。

　これらを4段階の学習指導過程（基本的な授業過程）で実践することが多く、以下のような流れとなる。すなわち、導入、展開前段、展開後段、終末の4段階である。

> **①導　　入**　日常的な関わりから興味・関心をもたせ、ねらいとしている道徳的価値の方向付けを行う。

> **②展開前段**　教材を活用し、話し合いを中心に、ねらいとする価値を追求し、把握する。（中心発問と補助発問）

> **③展開後段**　価値の一般化を図り生き方の振り返りをする。（特定場面から離れたり、広げたりして今までの自分を見つめ自分自身の問題として捉え直す）

> **④終　　末**　ねらいとする道徳的価値をまとめ、実践への意欲付けや日常へのつながりの意識付けをする。

　以下、詳しく各段階について述べる。

①導入

　主題に対して、日常生活との関りで興味・関心を高め、ねらいとしている道徳的価値の理解を基に自己を見つめる動機付けの段階である。したがって、生活体験の想起、児童生徒の作文、アンケートの結果、新聞記事、

写真、映像、音楽等の活用による多様な方法が考えられる。

②展開前段

　教材を活用し、児童一人一人がねらいとする道徳的価値の理解を基に自己を見つめる段階である。教材の登場人物の立場で感じ共感させたり、行動の理由について多面的・多角的に考えさせたりする。したがって、ねらいに関わる道徳的価値について最適な場面での発問（中心発問）や、それを補助するための発問（補助発問）により、考えていく。

③展開後段

　ねらいとする道徳的価値について、教材を通して考えたことを児童の日常生活との関りで振り返ることで問題意識をもたせるとともに、自分ごととして考え見つめることで一人一人に自分の「生き方」を創る考えをもてるように進めていく。教材の登場人物と同じような境遇を体験したことがあったり、考えの変化をもたらすようなきっかけとなる体験をしたり、といった日常の出来事を基に自分と重ねやすい発問が重要になる。

④終末

　ねらいの根底にある道徳的価値に対する思いや考えをまとめたり、道徳的価値を実現することのよさや難しさなどを確認したりしながら、今後の実践への意欲付けや日常へのつながりの意識付けを行う段階である。学習を通して考えたことや新たに分かったことを確かめたり、学んだことを更に深く心にとどめたり、これからの思いや課題について考えたりする。したがって、授業のねらいや進め方により多様になる。日常とのつながりや実践への意欲付けとして、教師の説話や体験談、他の教師や外部人材の活用をはじめ、作文、ことわざ、格言、詩、歌、ビデオ等を効果的に生かすことも考えられる。

　＊大切なことは、児童一人一人が道徳的価値についての理解を基に、自己を見つめ、多面的・多角的に考え、自己の生き方について考えを深めることで道徳性を養いながら、自律的な「生き方」を創っていくことのできる学習指導過程及び指導方法の工夫を図ることである。

（3）「道徳科における質の高い多様な指導方法

　道徳科の授業づくりについては、平成 28 年 7 月の「道徳教育に係る評価等の在り方に関する専門家会議による『特別の教科　道徳』の指導方法・評価等について（報告）別紙 1　道徳科における質の高い多様な指導方法について（イメージ）」（以下、「専門家会議の指導方法・評価等」と表記）で、道徳教育の質的な転換を図るために、質の高い多様な指導方法として、以下三つの事例を提示している（注 1）ので、その効果等を押さえておく（表 1）。

---

　①読み物教材の登場人物への自我関与が中心の学習
　②問題解決的な学習
　③道徳的行為に関する体験的な学習

表 1　各事例のねらいや指導方法の効果

指導法事例	効　　果
①読み物教材の登場人物への自我関与が中心の学習	教材の登場人物の判断や心情を自分との関わりで多面的・多角的に考えることなどを通して、道徳的諸価値の理解を深めることをねらいとしており、児童が読み物教材の登場人物に託して自らの考えや気持ちを素直に語る中で、道徳的価値の理解を図る指導方法としての効果が、期待されている。
②問題解決的な学習	問題解決的な学習を通して、道徳的な問題を多面的・多角的に考え、児童一人一人が生きる上で出合う様々な問題や課題を主体的に解決するために必要な資質・能力を養うことをねらいとしており、出合った道徳的な問題に対処しようとする資質・能力を養ったり、他者と対話や協働しつつ問題解決する中で、新たな価値や考えを発見・創造したりする可能性や問題の解決を求める探究の先に新たな「問い」が生まれるという問題解決的なプロセスに価値を見いだしたりできる効果が、期待されている。
③道徳的行為に関する体験的な学習	役割演技などの疑似体験的な表現活動を通して、道徳的価値の理解を深め、様々な課題や問題を主体的に解決するために必要な資質・能力を養うことをねらいとしており、心情と行為とをすり合わせることにより、無意識の行為を意識化することができ、様々な課題や問題を主体的に解決するために必要な資質・能力を養う指導方法として、体験的な学習を通して、取り得る行為を考え選択させることで内面も強化していくことが可能であるという効果が、期待されている。

＊「専門家会議の指導方法・評価等」を基に筆者作成。

　そして、留意点としては、「専門家会議の指導方法・評価等」でも述べられている通り、各事例は独立した指導の「型」を示しているものではなく、それぞれのねらいや具体例、指導方法の効果等を踏まえ、学校や児童の実態に応じた適切な指導方法を選択したり、各事例の要素を組み合わせた指導を行ったりするなど、様々な展開が考えられるということである。

　学習指導案作成方法及び、質的転換を図るための工夫や留意点を生かした取組としての実践及び展開の例や、今後更に重視したい実践については、第 7 章で、以下の順に紹介する。

> 1　①の「読み物教材の登場人物への自我関与が中心の学習」に関わる授業（上述の 4 段階の学習指導過程による実践例）
> 2　②の「問題解決的な学習」に関わる授業
> 3　③の「道徳的行為に関する体験的な学習」に関わる授業（役割演技を活用した実践例）
> 4　価値葛藤教材による対話（ディスカッション）を生かした学習に関わる授業
> 5　とことん対話する「哲学対話」による授業
> 6　体験活動を生かした授業
> 7　地域との連携を図った人材活用による授業

　なお、他の教科と同様に道徳科の授業にも様々な方法があるのは、周知のことと考える。したがって、もちろんここで紹介した事例はあくまでも一部であることを述べておく。

注記

注 1　『道徳教育に係る評価等の在り方に関する専門家会議による「特別の教科 道徳」の指導方法・評価等について（報告）別紙 1「道徳科における質の高い多様な指導方法について（イメージ）」』2016 年

参考文献

1　文部科学省『小学校学習指導要領（平成 29 年告示）解説 特別の教科 道徳編』2018年

2　中央教育審議会『道徳教育に係る評価等の在り方に関する専門家会議による「特別の教科　道徳」の指導方法・評価等について（報告）別紙 1』2016 年

3　谷合明雄・津田知充・後藤忠編集『こうすれば道徳指導案が必ず書ける』、教育開発研究所、2014 年

第7章
自律的な「生き方」を創る
「主体的・対話的で深い学び」
の実践例

1 読み物教材の登場人物への自我関与が中心の学習に関わる授業

　中央教育審議会「道徳教育に係る評価等の在り方に関する専門家会議による『特別の教科　道徳』の指導方法・評価等について（報告）別紙1」（以下「専門家会議の指導方法・評価等」と表記）で挙げられた読み物教材の登場人物への自我関与が中心の学習に関わる授業ついて紹介する。（波線は筆者。以下同様。）

○　**主題名**　「すなおに伝える」（A（2）正直、誠実）

○　**教材名**　「お月さまと　コロ」（小学校2年『私たちの道徳』p.48-51）

○　**ねらい**　なみだを流したコロの気持ちを考えることを通して、過ちを認めることにより、明るい心で生活できることに気付き、素直な気持ちで生活しようとする心情や実践的な態度への構えを育てる。

【ポイント】

①基本となる4段階の授業過程における**展開の前段**で登場人物の判断や心情を類推しながら多様な視点から考えることを通して、道徳的価値の理解を深めるようにしている。

　→主発問「◎お月様に話しかけられ、草のつゆの玉に映った顔を見つめ、なみだが出てきたコロは、どんなことを考えただろうか。」

②**展開の後段**で、似たような体験について振り返るとともに、交流を通して、低学年なりに自分ごととして深く考えられるようにしている。

　→発問「みんなは、素直に言って良かったことがありますか。それは、

　　どんな時で、どんな気持ちでしたか。」

　→発問「これからも素直な気持ちで言える言葉を書いてみよう。」

③**終末**で、ねらいとする道徳的価値をまとめ、実践への意欲付けや日常へのつながりの意識付けを図っている。

　→同じような内容の絵本を活用し、実践的な意欲や態度につなげられるようする。

※**補助教材の活用**　絵本『ごめんねともだち』（内田麟太郎作、降矢なな絵、偕成社）は、遊んでいる間に大喧嘩をして別れ、なかなか仲直りができずにいたオオカミとキツネが、あること（キツネがアリに涙を落としたことに謝る「ごめんなさい」という言葉）がきっかけで仲直りするという内容である。

○　本時の展開

	学習活動	■留意点　◇評価
導入 5分	1．自分ではこうしたいと思っていても、反対のことを言ったり、行ったりした経験とその時の気持ちについて話し合う。 ○書いたことを発表してください。	■本時のねらいとする道徳的価値への方向付けをする。 例を紹介し、思い出させる。（事前調査を実施しておく）
展開・前段 25分	2．「お月さまとコロ」を読んで、感じたことや考えたことを話し合う。 ○「なあんだ。おもしろくないよ。〜」とコロが言ったとき、ギロはどんな気持ちだったのだろうか。 ・せっかく誘っているのに、ひどい。 ・もう、絶対に声をかけないぞー。 ○「もう、きみとは　あそばない。」とギロが言って帰っていったとき、コロはどんな気持ちだったのだろうか。 ・わるいことを言ってしまった。 ・あやまらないと……。	■教師が範読する。 ■ギロの気持ちに共感させる。 　発表 ■コロの気持ちに共感させる。 　発表

学習活動	■留意点　◇評価
展開・前段 25分 ◎お月様に話しかけられ、草のつゆの玉に映った顔を見つめ、なみだが出てきたコロは、どんなことを考えただろうか。 ・くらい顔だなあ。 ・ギロくんに、ひどいことを言ってしまったなあ。 ・友だちを傷付けたままでいいのかな。 ・なんとかしなければ……。 ○コロは、何と言ってギロくんに謝ろうと考えているのだろうか。 　・ごめんね、いやなことを言って。 　・ぼくが悪かったよ。 　・素直になれなくて、ごめんね。	**ポイント①** ■くらく、しずんだ悲しい心が顔に表れ、なみだが出てきた理由を考えることで、変わろうとしているコロの気持ちを捉える。　発表 ◇素直な気持ちが大切であることに気づき、なみだを流したコロについて感じ考えることができる。 　・暗い顔のコロの絵 ■素直になることの良さに気付かせる。（明るい顔のコロと暗い顔のコロの絵を貼り対比的に板書する） ワークシートへ記入後発表
展開・後段 10分 3．素直に言って良かった体験を話し合う。 ○みんなは、素直に言って良かったことがありますか。それは、どんな時で、どんな気持ちでしたか。 ○これからも素直な気持ちで言える言葉を書いてみよう。 ・ありがとう。・それはよかったね…。	■自分自身を振り返り、過ちを素直に認めると、自分のみならず、周りも気持ちが明るくなったというようなよさを大切に扱う。 ワークシートへ記入後発表 **ポイント②**
終末 5分 4．絵本『ごめんねともだち』（内田麟太郎作、降矢なな絵、偕成社）を読む。 ○今日は〜について、考えました。最後に、絵本を読みます。自分なりの思いをもって聞いてください。	■絵本（補充資料）の読み聞かせを行い、実践的な意欲や態度につなげる。 　※　絵本の活用 **ポイント③**

2 問題解決的な学習に関わる授業

　「専門家会議の指導方法・評価等」で挙げられた問題解決的な学習に関わる授業ついて紹介する。ここでは、道徳的な問題を多面的・多角的に考え、児童生徒一人一人が生きる上で出会う様々な問題や課題を主体的に解

決するために必要な資質・能力を養うことをねらいとしている。児童生徒が、実際の日常生活で起こる問題を道徳的な問題として捉えること、そして、よりよい価値の実現に向け多面的・多角的に考えること、その上で問題の解決策を見つけていく、つまり実践につながるような資質・能力を育む学習と言える。大人の言うなりの行動や、他の仲間の同調圧力による同調行動ではなく、

> 主体的な対話による協働的な深い学びを通した解決過程で、道徳的価値に関する自覚、道徳的な見方や考え方を広げたり、深めたりすることを目指す学習

なのである。留意することは、道徳科の授業であるので、解決のための方法論を議論することのみに終始しないということである。この問題解決的な学習について、柴原弘志氏（2017）は、『道徳教育』（8月）の中で以下の、四つの要件が考えられるとして提示している（注1）。

　　道徳科における「問題解決的な学習」で取り上げられる「問題」とは、誰にとってどのような「問題」であるべきなのか。それは、どのような「解決」の在り方が求めれている「学習」なのか。そして、その「学習」のそもそもの目的は何なのかといった点から整理すると、道徳科における「問題解決的な学習」の具備する基本的な要件は、以下のように考えられる。

①道徳的価値が介在している道徳的（道徳上の）問題であること
②自己の問題として捉え、主体的に考えられる問題であること
③道徳的価値との関連から、その問題の解決が目指される学習であること
④道徳科の目標およびそれぞれの時間のねらいの実現に資する学習であること

　つまり、日常的な生活上の単なる問題でなく、道徳上の問題であること、道徳科で扱う内容項目が含まれていること、そのような問題が自分ごととして多面的・多角的に考えられる問題であること、そして、何より、目標達成のための一つの指導法であるということである。問題解決的な学習の方法について、「専門家会議の指導方法・評価等」を基に一般的な授業の流れを示す。

導入の段階

　問題の発見や道徳的価値について想起し、道徳的価値についての意味や意義について考える。例えば、
・日常生活との関わりで道徳的価値を捉えさせる
・児童の経験から道徳的な問題を見つける
・道徳的な価値の意味や意義についての問いをもつ

展開の前段

　教材を読んで、解決すべき道徳上の問題を発見し解決する。例えば、
・問題の発見について
　「ここでは何が問題になっているのか」
　「何と何で迷っているのか」
　「自分ならどう行動するか」
　といった発問を通して道徳上の問題を発見する
・明確になった道徳上の問題に対して、
　「主人公はどうするのか」
　「自分ならどうするのか」
　「人としてどうしたいのか」
　といった発問を通して解決のための行動について多面的・多角的に議論し考えを深める

展開の後段

別の問題場面で汎用的に活用する。例えば、

・似たような道徳上の問題に対して、

「自分ならどのように行動するか」

「なぜ、自分はそのように行動するのか」

「よりよい解決方法にはどんなものが考えられるか」

「なぜ、○○（道徳的価値）は大切なのか」

といった発問を通して、時には役割演技やスキルトレーニング的な方法で検討を加える

・問題場面に対する自分なりの解決策を選択・決定する中で実現したい道徳的価値の意義や意味への理解を深める

・道徳上の問題についての探究を振り返って、新たな問いや自分の課題を導き出す

終末の段階

道徳上の問題に、自分なりの解決方法や結論をまとめる。例えば、

・道徳上の問題を解決する上で、大切にした道徳的価値について、

「なぜ、○○（道徳的価値）は大切なのか」

といった発問を通して、自分なりに考えをまとめる

・導入の段階における問いについて、再度捉え直したり、今後どのように生かしたりすることができるのかを考える

＊留意点として、先述しているそれぞれ（登場人物に自我関与する学習、問題解決的な学習、道徳的行為に関する体験的な学習）のねらいや具体例、指導方法の効果等を踏まえ、学校や児童の実態に応じた適切な指導方法を選択したり、各事例の要素を組み合わせた指導をしたりすることも忘れてはならない。

ここでは一般的な問題解決的な道徳科の学習として、中学校道徳科の教材として大変有名な「二通の手紙」を基にした実践例を紹介する。

〈話の要約〉

　動物園で入園係として働く元さんは、３、４歳くらいの弟の手を引いてよく来ていた小学校３年生くらいの女の子の強い思いに共感し、入園時間が過ぎているにもかかわらず、園の規則を破って二人を入園させる。この元さんの行為について、二人の母親からは感謝の手紙が届いたが、その一方で上司からは懲戒処分の通告としての手紙を受け取る。

【陥りやすい授業の流れ】

　磯部一雄氏（2017）、杉中康平氏（2020）は、「二通の手紙」における、成り立ちえない論点として、

「温かい規則違反」（親切、思いやり）
VS
「冷たい規則順守」（遵法、公徳心）

を指摘しており、「入れるべきか」、「入れるべきでないか」の議論を生徒にさせることは、このような誤解があり、そもそも成り立たず、「規則に対する誤解」から、「規則のもつ優しさ、あたたかさ」に気付かせる授業展開の必要性を述べている（注２）。このような点を踏まえ、問題解決的な学習の授業展開の例を以下に示す。

導入	問題の発見や道徳的価値について想起し、道徳的価値についての意味や意義について考える ○身の回りのきまりについて想起する。 ○そのきまりについて、どのように考えるのかを確認する。
展開前段	教材を読んで、解決すべき道徳上の問題を発見し解決する ○何が問題なのかを明確化する。 ・「元さんはどんな思いから二人を入園させたのか」 ・「入園させたことの結果から、何を考えるか」 ・「職を自ら辞した元さんが、初めて考えたことは何だろうか」　　　　など ＊このようなことを吟味しながら、元さんはどうすべきだったのかの解決策を考える
展開後段	別の問題場面で汎用的に活用したり、または、動物園の規則について考えを深めたりして、解決策についてより深く考える ○類似の状況を提示し、考えを深める。 ○一般的に動物園にある規則を提示し、その規則の意義を考える。 ○よく生徒から発言される、職員が付いていくという方法について考え吟味する。　　　　など
終末	道徳上の問題に、自分なりの解決方法や結論をまとめる ○学習を振り返り、本時のねらいである道徳的価値との関わりで、きまりについての自分の考えを、変容を含めて道徳ノートに記述したり、今後の自分の生き方について考えたことを発表したりする。

３ 道徳的行為に関する体験的な学習に関わる授業

　多様な指導方法の事例として挙げられた道徳的行為に関する体験的な学習に関わる授業ついて、ここでは役割演技を活用した例を取り上げる。

　役割演技は、道徳科授業の充実を図り、ねらいとしている道徳的価値について深く考え、主体的に判断し実践しようとする意欲や態度への構えを養う上で有効的な手段である。したがって、活動することが目的とならないよう注意する必要がある。はじめに、「役割演技とは」、「効果」と「実践上の留意点」について述べ、次に、実践例（注3）を紹介する。

【役割演技（ロール・プレイング）とは】

　日本では、「心理劇」として、1951 年に外林大作氏と松村康平氏によって紹介されたが、創始者としては、精神学者のジェイコブ・L・モレノにさかのぼる。役割演技（ロール・プレイング）についての研究で著名な早川裕隆氏は、『道徳教育』（2022 年 6 月号）で以下のように述べている（注 4）。

　　役割演技は、ロール・プレイングの日本語訳と考えられる。道徳科での役割演技は、教科書に書かれた、あるいは、社会的に期待されていると思われる役割を「そのまま」演じるロール・テイキング（動作化・演劇表現）に対して、子ども自身が演じたい自発的な役割を、相手との関係の中で即興的に演じながら自分の生き方を役割として創造し、その演じられた役割の意義を吟味することを通して、道徳的価値のよさや意義を実感的に理解することと定義できよう。そして、それは、知識として教えられて認知的に知る知り方とは違い、自分自身で直接に獲得できるという特徴を備えている。

【役割演技の効果】

　役割演技の効果としては、以下のようなことがある。
○即興的に行われることにより、児童生徒のありのままの姿が表現される。自分との関わりで、自分がどのように感じ考えたのかが、自分を見つめ、深く考えることにつなげることができる。
○役割を交代することにより、お互いの立場からの考えについて共感的に理解するとともに、自分を見つめ直すことにつなげることができる。
○演技後の話し合いを重視することにより、演じた児童生徒のみなら

ず、観客としての児童生徒の客観的な理解を深めることにつなげることができる。

つまり、道徳的な行為に関する役割演技を通して事例的に学ぶことにより、未来に起こる多種多様な問題に主体的に対応するための力を育むことに貢献できるということである。即興的に行うことで柔軟に対応する機会となるとともに、役割交代を含め演じながらお互いに見合うことで、登場人物への共感的な理解を促したり、行為の仕方について更に考えを深めたりできるという効果がある。もちろん、演じていない観客にとっても、客観的に見ることで、その後の対話の中で批判的に思考し振り返りながら多面的・多角的に考え、自分を見つめ考える機会につなげることができる。

【実践上の留意点】

役割演技の効果を引き出すため、次のような点に留意したい。

○役割演技の良し悪しは問題ではないこと

→役割演技は、演技の善し悪しを評価するものではない。演技への評価に目が向けられると、演技を積極的にすることができない雰囲気を醸成することになってしまう。上手に表現することが、目的ではないのである。なぜ、行うのか、演技後にどのように生かすのか、が大切なのである。そのためには、役割演技の目的を理解することや後述する観客の姿勢を育てる必要がある。

○児童生徒の主体的な役割演技を大切にすること

→いつも一部の児童生徒ではなく、だれもが安心して演じることのできる環境であることが大切である。そのためには、演技後の真剣なる振り返りにより演じた側のみならず、観客側としての児童生徒も、協働的な学びを通して考え続けることで、更なる学びの充実が保障されていることを実感できる必要がある。自分と演じた児童生徒を重ねたり、演じた内容を自分ごととして考え直したりしながら、共によりよい学びにつながっているという実感が大

切なのである。

○見ている観客による批判がないようにすること

→観客は何のためにいるのか、つまり何を見てどんな点を深めていくのかや、そのためどんな役割を担っているのかの理解が必要である。したがって、演技力を競うことが目的ではなく、上述のように振り返りの対話の中で、新たな学びを創り出していることを実感できるような教師の役割が重要である。

＊現実の出来事を役割演技させ傷つけるようなことは、あってはならない。

○　**学　年**　第 1 学年

○　**主題名**　生きものにやさしくする（D（18）　自然愛護）

○　**資料名**　「シロクマ　ピース」（『わたしたちの道徳　小学校 1・2 年』文部科学省）

○　**資料やねらいとする道徳的価値、授業の構想**

　日本で初めて、人間がシロクマを育てた話についてのコラムである。ここでは、どのような生き物にも命があり、それらに対するやさしい心をしっかりと育んでいくことが重要となる。

　この時期の児童の日常生活に目を向けると、動植物のお世話を行っている一方で、義務的に自己中心的な態度で接している様子を見かけることもある。

　したがって、授業では、日頃の動植物の飼育栽培の経験を生かしたり、役割演技を通して感じ考えたりすることで、動植物の不思議さや生命の力、共に生きようとする愛おしさなどを感じ、自然や動植物を大事に守り育てていこうとする道徳的な心情や態度を育んでいく。

　留意事項として、動物園など関係機関との連携を図った外部人材の活用も有効である。

○　本時のねらい

　高市さんをはじめ、飼育員の人たちのお世話に対する深い愛情に共感するとともに、高市さんが動物を育てるときに大切にしていることを知ることにより、動植物を守り育てていこうとする心情や態度を育てる。

【ポイント】

　展開の前段で、児童に高市さんがどんな気持ちでシロクマのピースのお世話をしようとしているのかを感じ考えさせるために、シロクマのぬいぐるみを使用しながら**役割演技**させる。

○　本時の展開

段階	学習活動と主な発問、児童の反応	■留意点　◇評価
導入	1．生き物を育てた経験について話し合う。 ○今までに、**生き物を育てたことがあります**か。そのとき、どのような気持ちで育てましたか。 ・家のインコが病気にならないでほしい。 ・飼っている犬が元気でいてほしい。ずっと一緒にお散歩したりしたい。　　　　　　など	■過去の生き物を育てた経験から、想起させる。（家や学校での飼育、栽培、「生活科」の取組を想起） 発表
展開前段	2．「シロクマ　ピース」を読んで話し合う。 ○p.104 の２枚の写真から、高市さんはどんな**気持ちでお世話をしていた**と思いますか。 ◁ポイント　役割演技 ・大丈夫かな、しっかりお世話できるかな。 ・何がなんでもしっかりと育てるぞ。 ・かわいいなあ、大きくなれよ。　　　　　など ○観客に初めて紹介されているピースと高市さんの写真を見て、気付くことを教えてください。 ・高市さんをお母さんと思っている。 ・安心してなついている。　　　　　　　　など	■「わたしたちの道徳」p.104～を範読する。（写真拡大、提示）ワークシート ■**役割演技で高市さんの心情を捉える。** ■人目を気にせず、高市さんになついている様子から、心のつながりに気付かせる。

展開前段	◎なぜ、ピースは大きく育つことができたのかな。 ・飼育員さんの優しいお世話のおかげ。 ・諦めないで一生懸命世話をしたから。 ・心をこめて育てたから。　　　　　　　など 3.高市さんが、動物を育てるときに、大切にしていることを知る。 ○高市さんのお話の中で、大切だと考えるところは、どんなことですか。 ・人間と同じ命。 ・さいごまでしっかりそだててください。 ・いのちあるかぎり、そだてていく。	◇難しい飼育に、一生懸命取り組んできた深い愛情に気付いている。 　ワークシート ＊外部人材活用も可 ■「わたしたちの道徳」p.105を範読する。飼育で大切なことを発表させることで、動物を大切にしようとする心情を高める。
展開後段	4.動植物を大切にして、よい気持ちになったことについて交流する。 ○動植物を大切にして、よい気持ちになったことはありますか。 ・しおれかけていた朝顔に水をあげたら、元気になり花が咲いたので嬉しかった。 ・飼っているインコに餌をあげたとき、とても喜ぶので嬉しくなりました。　　など	■日頃の経験を交流し、身近なこととして捉える。 動植物に対して優しい気持ちで、大切にしていたのかの理解につなげる。
終末	5.本時の学習を振り返り、感じ考えたことを書き発表する。 ○今日の学習で感じ考えたことを書いて、発表しよう。 ・動物のお世話をするとき、がんばりたい。 ・動植物の命も人間と同じように大切にしたい。 ・動物のことをもっと知りたい。　　　　など	■本時の学習を振返り、感じ考えたことを書き、発表させる。 　ワークシート ◇大切な動植物の接し方に気付いている。

○　**授業記録（展開前段の役割演技による心情理解や共感の場面）**

児童が高市さん役となり、シロクマのぬいぐるみを使用し表現する。

C:「ちゃんとミルクを飲むんだよ。」（ぬいぐるみを抱きながら）

C:「大丈夫かなあ。これから、どうやって育てていこうかな。たいへんだなあ。」（心配そうな顔で）

C:「かわいいな。大きくなれよ。」（抱いたぬいぐるみを左右に揺らし）

C：「よし、しっかりと育てるぞ」（抱いたぬいぐるみを見つめて）

略　　　　　　　　　　＊Cは児童

○　教師の授業の振り返りから

・本授業では、役割演技を通して感じ考えるとともに、動物飼育で大切なことを理解することにより、高市さんの深い愛情に共感し価値理解を深めることを重視した。特に、役割演技では、見ている児童も登場人物の立場で感じ、また、多様な見方に触れることにより、ねらいに迫る発言につなげていた。

・展開後段の日常経験を想起し交流する場面では、多くの児童が自分との関わりで考え表現できていたが、動植物の飼育栽培経験には個人差も見られた。

・今後は実態を考慮し、他教科等との関連を深めた意図的な指導が必要である。また、感じ考えたことを表現できるよう、日常から全教育活動を通して低学年のねらいに応じた書く力も身に付けていく必要がある。

○　活用資料

「シロクマ ピース―日本で はじめて 人間が シロクマを そだてた話―」
『わたしたちの道徳　小学校1・2年』（104－105頁より抜粋し筆者作成。）

シロクマ ピース

今から 十五年ぐらい 前に、愛媛県の とべどうぶつ園で シロクマの 赤ちゃんが 生まれました。ピースと いう名前が つけられました。

お母さんクマは、赤ちゃんを そだてようと しなかったので、しいくいんの 高市さんたちが、そだてることに なりました。

人間が シロクマを そだてるのは、むずかしいと 考えられて いましたが、一生けんめいの 人たちの おかげで、ピースは 大きく そだちました。

〈高市さんの言葉〉

どうぶつには、人間と同じ いのちが ありますす。ペットと かったら、さい後までしっかりと そだてて くださいい。しっかりと いのちを あてて くるかぎり、そだてていくことが 大切です。

88

○　活用するワークシート

道徳ワークシート

◇　高市さんは、どんな気持ちで　お世話をしていたと思いますか。

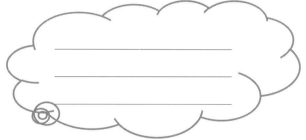

◇　なぜ、ピースは、大きく育つことができたのかな。

◇　今日の学習で、感じ考えたことを書きましょう。

4 価値葛藤教材による対話（ディスカッション）を生かした学習に関わる授業

　道徳科における「主体的・対話的で深い学び」の実現に向けた授業改善として、モラルジレンマ授業を紹介する。この授業は、対話（討論）を重視し、多様な視点から思考し吟味しながら児童生徒一人一人の見方や考え方を広げ、判断する力を育み、自己の「**生き方**」を考えることのできる授業である。

　価値葛藤について、廣川正昭氏は、『道徳教育入門』（2008）の中で価値葛藤に関わり、以下のように述べている（注5）。＊筆者が抜粋し作成。

> 　日常生活では、多くの価値に対する欲求が同時に起こるところに、価値の選択の問題、価値葛藤が起こる。価値とは、よりよく生きようとする人間の欲求を満たすもの、葛藤とは対立・闘争を意味するものなので、「価値葛藤」とは、二つあるいは二つ以上の価値に対する相対立して、その選択・決断に迷う、という状況を指す。自己体験としての価値葛藤は、自己が生きた生活現実において直面する主体的な価値体験であり、決断に迷う状態の最も典型的な「価値葛藤」である。また、自分の過去の価値葛藤の体験を後になって回想、想起し、反省する場において表れる葛藤や、自己が直面した価値体験ではなく、他者が直面した価値葛藤もある。後者は、教材文中の主人公が直面した価値葛藤の場面であるので、この間接経験は切実さに劣るが、自分では体験できない世界の他者の葛藤体験を追体験することができる。そして、他者の体験を理解・批判することによって、自己の体験として主体化することが、可能となる。

　つまり、価値葛藤の場やその過程で対話を通して学ぶことが、道徳性を育む上で、有効な機会になると考える。

　紹介する授業は、ピアジェとコールバーグによる道徳性の認知的発達理

論に基づく日本のモラルジレンマ授業で、荒木紀幸氏を中心に研究仲間が
40年以上にわたり理論と実践の往還を図りながら推進してきた。ここで
は理論の詳細は省くが、簡単に以下に示しておく。（注6）

> 　道徳的な認知を不均衡にするためには、モラルジレンマの状況が必
> 要であり、子どもがこのモラルジレンマに遭遇すると、不調和や矛盾、
> ある種の不整合を感じ始める。この不調和のために認知的均衡が生
> じ、その状況を正しく調整するために、自分の考えを変えたり、調節
> したりする動機が生まれる。当該の子どもの道徳的な思考を刺激して
> 発達を起こすためには、別の視点から考えさせたり、多くの他の子ど
> もや大人の判断の論拠や意見、見方に触れさせたりすることが大切で
> ある。これにより、均衡化のための行為の構造を調節するように動機
> 付けられ、結果として道徳性の発達レベルを押し上げることになると
> いう理論である。

　モラルジレンマ授業の基本的な流れや実践は、以下の通りである。（注7）

第一次の授業

道徳的ジレンマの共通理解

次	時　間	指導過程	内　容
第一次・一時間目	10〜35分	道徳的ジレンマの提示 （立ち止まり読み）	主人公のおかれた状況を読み取り、道徳的ジレンマに直面する。
		状況の共通理解と道徳的葛藤の明確化 **第一回目の判断・理由付け**	読み取りの誤りを修正したり、道徳的価値の生起する状況の共通理解をしたりすることにより、主人公に役割取得し、道徳的葛藤を明確に把握する。小集団討議を活用。
	10〜25分	主体的な価値選択 （第一回目の判断・理由付け）	道徳的葛藤の場面で主人公はどうすべきかを判断し、その理由をカードに書く。

＊第二次の授業までの準備

○第一回目の判断・理由付けカードの内容を整理し、第２次で用いる
　書き込みカードを作成する。
○書き込みカードの「理由」部分（102頁、②書き込みカード）を拡
　大したものを黒板掲示用に作成する。
○第一回目の判断・理由付けから、論点になりそうな部分を予想し発
　問を準備する。

第二次の授業

次	時　間	指導過程	内　容
第二次・二時間目	5〜10分	道徳的葛藤の再確認 （導入）	第二次のはじめとして、状況把握を共通理解する中で葛藤状況を再確認し道徳的葛藤を明確に把握する。
	7〜10分	自己の価値選択の再確認と他者の価値選択の検討 判断・理由付け 書き込みカード	学級全員の理由付けを分類したカードに自分の意見（賛成、反対、意見など）を書き込むことにより、自分とは異なる他者の考え方に気付く。
	7〜15分	自己と他者の考え方の相互の批判・吟味 （ディスカッション１） モラルディスカッション	各自の書き込みを基にして、いろいろな立場からの理由付けに相互に意見を述べ合い、意見の対立点（論点）を明確にしていく。学級集団または、小集団討議を活用。
	10〜15分	自己と他者の考え方の相互の練り合わせ （ディスカッション２） 活用する発問 ・役割取得の機会 ・認知的不均衡を促す ・結果を類推させる　等	最終的な判断・理由付けを各自が導き出すために、論点について検討を深め、個人の自立性をそこなわずに、相手に示唆を与えながら、自分の考えを確かなものにしていく。学級集団または、小集団討議を活用。

次	時　間	指導過程	内　容
第二次・二時間目	3〜8分	最終の判断・理由付け 主体的な価値選択 （第二回目の判断・理由付け）	道徳的葛藤の場面で主人公はどうすべきかを再度判断し、自分の最も納得のいく理由付けを決定し、カードに書く。

　この基本的な流れを踏まえたモラルジレンマ授業の実践例を紹介する。これは、筆者が知人を介して知り合った2度のオリンピック出場を果たした元日本女子ボブスレー代表の桧野真奈美さんをモデルとして作成した教材による授業である。今は現役を引退し、指導者等として活躍中である。バンクーバー大会出場までの桧野さんの悩み、苦しんだ心の軌跡等を追うことを通して、人としてどう生きるべきかを小学生なりに深く考えることができる。彼女を支えてくれた多くの人への感謝の気持ちを忘れず生きている桧野さんの生き方に共感し、多様な視点からの思考を可能にしている。窓口となる内容項目は、A（5）希望と勇気、努力と強い意志、B（8）感謝、D（22）よりよく生きる喜びである。（小学校6年生39名を対象）

「氷上のF1　ボブスレー」（小学校高学年対象）
「氷上のF1　ボブスレー」　　　　　（楜澤実作）

　その日、真美さんは、只ならぬ覚悟と気合でスタート地点に立った。冬季オリンピック開催地カナダのバンクーバー。アスリートにとって最高の晴れ舞台であるオリンピックに、日本女子ボブスレー代表として2回目の出場を果たし、スタートを直前に控えていた。

　「4年前の2006年2月、イタリアのトリノ冬季オリンピックは、出るためにできることをやってきた。しかし、今回、私は勝つため、ここバンクーバーに来た。」と強い思いで臨んだ。

　ボブスレー競技は、滑走速度が最高で時速150㎞近くに達する氷上のF1と呼ばれており、いつも危険と恐怖がつきまとう。女子競技は2人乗りで、前に乗りソリの操縦を行うパイロットと、スタートでソリを押し助走で勢いをつけながら後ろに乗るブレーカーによりスピードを競い、タイムの結果で順位が決まる。桧野真奈美選手、愛称、真美さんはパイロットである。

　ボブスレーを紹介しよう。上位選手では100分の1秒を競い、その違いが順位に影響するスリリングなスポーツである。パイロットの運転技術は、経験を積むほど確実に向上していく上、他の競技に比べて競技年齢がずっと高い。遅咲きの真美さん（元スピードスケート・陸上選手）にとってきわめて魅力的な競技である。また日本ではほとんど知られていないスポーツである。

　時は、2001年にさかのぼる。真美さんは、今回が3回目のオリンピック出場となるはずだった。というのは、2001年12月には、翌年2月実施の冬季オリンピックへの初出場権を獲得していたが、開催まぎわに選手団の人数調整により取り消しとなり涙をのんでいたからだ。その後、高校時代からの古傷であった右膝十字靭帯を断裂し500針を縫う大手術に耐え、長期の過酷なリハビリを克服し、練習を続けた。強豪オランダナショナルチームのコーチ・ロバートが彼女を指導したことで、実力をつけ、4年後に、ボブスレーでアジア女子初、日本女子初のトリノ冬季オリンピック出場を決めたのだった。結果は16チーム中15位だったが、大健闘と言われた。強豪国が1台数千万円のソリを使う中、日本は資金力不足から使い回した旧式の350万円ほどのソリ（スポーツカーと軽自動車レベルの競争に匹敵）での出場だった。まさに快挙といえる。

　「まだ私は、やり切れていない。悔しい。勝ちたい。次のオリンピックでは勝ちに行く。」という決意を胸に、真美さんは、更に4年後のオリンピックを目指したのだった。

　しかし、当時、ボブスレーは日本ではマイナースポーツであり、人気もなかった。このために常に資金不足で、専任のコーチ代をはじめ、高額なソリ代、海外遠征費等の活動資金に事欠く有様であった。

　「オリンピックで上位入賞を果たすためなら、いくら練習が過酷でも、どんな苦労でも自分は我慢できる。応援してくれる家族、学生時代の恩師や職場の同僚、スポンサーである企業の方々の暖かい励ましや期待になんとしても応えたい。」彼女は、いつも自分にそう言い聞かせ、全国を回って熱心に資金集めをした。さらに、彼女の専任コーチを無償で引き受けた元オランダナショナルチームのコーチ、ロバートから、競技者としての技術や考え方を徹底的に学び、各種大会で実力をつけていった。時には、転倒が続き、スランプで悩んだこともあった。そのたびに、

　「これまでも、もっと大きな壁にぶつかっては乗り越えてきた。今度も必ず乗り越えられる。私は、一人ではない。自分は生かされている。感謝の気持ちを競技で恩返ししよう。」と。こうして 2 度目のオリンピック出場を勝ち取った。この頃から、真美さんは世界でも、日本ボブスレー界の第一人者と言われるようになっていた。

　いよいよ滑走順番となりスタートラインに立ったとき、真美さんは心の中で、言い聞かせた。「自分ができること、やれることは、全てやり切った…。」颯爽とソリに乗り滑走する真美さんとブレーカー。転倒することなく氷のコースを思い切り力強く疾走し、ゴールを切ることができた。ところが、結果は前回より順位を下げた 16 位。「よくやったよ。真美の思いは十分伝わってきたよ。」というねぎらいの言葉を耳にするも、がっくりと肩を落とした真美さんは、心の中で呟いた。「やり切った感はあったのに、何とも言えない悔しい気持ち…、これが限界かな…。」

　真美さんはオリンピックからしばらくして、コーチのロバートのいるオランダを訪れた。「今回のオリンピックでも、世界との差を感じました。

全力でやり切ってこの結果だったので、自分の力の無さを受け入れるしかありません。でも、よい結果を出せなかったことが、とても悔しい。それに、もう一つ悔しさがあります。私は、この競技のおかげで、アスリートとしても、人間としても大きく成長できたし、生きていく上で大切なものを得たと実感しています。この100分の1秒を競うボブスレーの魅力を、もっと日本の人々に知ってほしいし、もっと若い人にも挑戦してもらいたい。この願いが、どこまで果たせたのか…。」

「ボブスレーの競技年齢は、他のアスリートと比較しても高い。4年後のオリンピックに挑戦し、よい結果を残すことが皆さんへの恩返しになる。一方で、競技者として私が残ることが、ボブスレー界にとってほんとによいことだろうか。目先の4年後より、今日本は競技として残れるのかどうかの瀬戸際にいる。監督からも、若手育成の指導者として活躍してほしいとの話もあり、私の経験を次の世代に伝えていく時期ではないか…。」

真美さんの心の中で、「引退か？ 続行か？」の二つの言葉が、激しく揺れ動いた。

【真美さんは、現役を退くべきだろうか。それとも、続けるべきだろうか。それは、なぜか。】

○ 主題設定の理由（ねらい）

内容項目「希望と勇気、努力と強い意志」や「感謝」、「よりよく生きる喜び」との関わりで葛藤する場面を取り扱っている。児童は、自分自身をより高めたいと願っているが、困難な状況に出会うと挫折し諦めたり、自信をもてず夢と現実との違いを意識したりすることもある。一方で、こうした困難や失敗、弱さを乗り越えて、よりよい人生を送りたいという心ももっている。したがって、自分の希望に向かい、自分を奮い立たせ乗り越える人間の強さや支えてくれた多くの人の善意に対する感謝の心に何をもっ

て応えるのか等を考える機会を通して、人間としての誇りある、夢など喜びのある生き方につなげていきたいと考え、本主題を設定した。

○　学級の実態　（略）

○　価値分析表

コールバーグの道徳性の発達段階に照らして、予想される児童の反応を表1に示した。

表1　価値分析表

現役を退くべき	現役を続けるべき
段階1　罰回避と従順志向、他律的な道徳	
・監督から指導者になるように言われている。	・家族や支援者からオリンピック出場を強く期待されている。
段階2　個人主義、道具的な道徳性	
・ここまでやって結果が出なかったし、競技人口を増やすためには若手を育成するしかない。	・オリンピックに出ないと夢は叶わないしもったいない。 ・オリンピックでの活躍がボブスレーの知名度を上げる。
段階3　良い子志向、対人的規範の道徳性	
・ここまで頑張れたことで悔いは無い。引退したとしても、今までの努力は無駄ではない。学んだことを若い世代への指導という新たな目標に生かすことも、感謝の方法で恩返しにもなる。	・自分の夢は達成されていない。悔いがあるなら、あきらめず強い気持ちで納得できるまで続ける。また、結果を出すことで支えてくれた人々へ感謝の意を表すとともに、ボブスレー活性化にも繋げる。
段階4　社会システムと良心の道徳性	
・日本の女子ボブスレー界発展のために、今から若手アスリートを育てていく必要がある。感謝の気持ちとして後進の育成への貢献が、崇高な使命であり、人として成長でき生きる喜びである。	・このまま競技生活を終えると一生悔いが残る。困難な状況を克服し夢を実現することが、人としてのより良い生き方であり、女子ボブスレー界の発展にも寄与でき、それが責任であり義務である。

○　展開（2時間扱いの授業展開）

第一次の授業

配時	学習活動と主な発問	指導上の留意点
展開	1．教材「氷上のＦ１　ボブスレー」を読む。	○教材を黙読させる。
	2．状況の共通理解と道徳的葛藤状況を明確に理解する。 ○2002年冬季オリンピックの初出場権利を獲得していながら、出場できなかった真美さんはどんな気持ちだったのだろうか。 ○500針を縫う大手術や長期リハビリを乗り越えて、つかんだ4年後のトリノ冬季オリンピックで、総合15位だったとき、真美さんはどんな気持ちだったのだろうか。 ○マイナースポーツとして扱われていたボブスレー競技にもかかわらず、更に4年後のオリンピック出場を目指せたのは、なぜだろうか。 ○2度目のオリンピック出場の結果が16位に終わったとき、真美さんはどんな気持ちだったのだろうか。 ○今の日本のボブスレー界は、どんな状況なのだろうか。 ○コーチであるロバートに話している真美さんは、何に迷っているのだろうか。 ・現役を退くべきか、続けるべきかで迷っている。	○その後、教師が範読。 ・児童の反応を見ながら立ち止まり読みをし、真美さんの気持ちに共感させ寄り添う。 ○幾度もの挫折や困難を乗り越えていく様子から、真美さんの生き方を考える。 ○葛藤の内容をしっかりと押さえる。
終末 10分	3．最初の判断を下しその理由付けを記述する。 ◎**真美さんは、どうすべきだろうか。** 　　現役を退くべき　　現役を続けるべき	◎第一回目の「判断・理由付けカード」への記入を行う。

第二次の授業

配時	学習活動と主な発問	指導上の留意点
導入前半3分	1. 前次の学習活動を振り返る。 　葛藤状況を再確認し、道徳的葛藤を明確に把握する。 ○真美さんはどのようなことで、迷っていますか? 　現役を退くべき か、 現役を続けるべき かで、迷っている。	○教材をもう一度読ませる。 ○葛藤状況を確認する。 ・前次のワークシートを返却し、自分の判断・理由付けを確認させる。
導入後半7分	2. クラス の理由付けを分類・整理した「書き込みカード」に自分の意見を書き込むことにより、自分とは違う他者の考えに気づく。 ○賛成・反対意見等をカードに書こう。	○別に配付した「書き込みカード」に自分の意見を書き、モラルディスカッションへの準備をする。 ・発言が苦手な児童の意見表明とする。
展開前半15分	3. いろいろな理由付けに対して、相互に意見を述べ合う中で、論点を明らかにしていく。 ○賛成・反対意見を自由に言おう。	○書き込みカードの児童の「理由」を拡大して黒板に掲示する。 ・意見がばらばらにならないように、同じ部分についての意見を発表させる等、進め方を工夫する。 ・教師は対立点が分かるように生徒の意見を板書する。
展開後半20分	4. 論点を絞り、さらに意見を出し合う中で、自分の考えを確かなものにしていく。 ○もし、真美さんが現役を退いた場合、真美さんはどのような気持ちになるだろうか。また、続けた場合はどうか。(Y) ○もし、真美さんが現役を退いた場合、周りの人はどう考えるだろうか。また、続けた場合はどうか。(Y) ○もし、真美さんが現役を退いた場合、日本の女子ボブスレー界にどのような影響があるだろうか。また、続けた場合は、どうか。(K)	○役割取得を促す発問(Y)、結果を類推する発問(K)、道徳的価値の重要性の根拠を求める発問(D)、認知的な不均衡を促す発問 (N)でディスカッションを方向付け、生徒の思考を深める。 ・左記の発問を全て用いるのではなく、ディスカッションの流れに応じ適宜用いる。

配時	学習活動と主な発問	指導上の留意点
展開後半20分	○真美さんが現役を退くという選択は、人の生き方として、どう考えるか。（D） ○日本女子ボブスレー界にとって世界と戦うために必要なことは何だろうか。（Y） ○このような場合、現役を続けることが、まわりの人たち（あるいは日本）の期待に応えることになるのだろうか。（また、退く場合はどうか。）（N）	＊その他の考えられる発問の例 ○真美さんが、そこまでして現役を続けたいのは、なぜなのだろうか。（D） ○真美さんにとっての責任や義務とは、どうすることなのだろうか。（D）
終末5分	5．道徳的葛藤の場面で真美さんはどうすべきかを再度判断し、自分の最も納得する理由付けを行う。 ◎真美さんはどうすべきだろうか。 現役を退くべき　現役を続けるべき	◎第二回目の「判断・理由付けカード」への記入を行う。 ・本時の板書を眺め、納得できる意見を取り入れるように指示する。

○　授業を行う上での留意点

　本教材は、「よりよく生きる喜び」や「希望と勇気、努力と強い意志」、「感謝」の狭間で揺れる主人公真美さんの悩みを描いたものである。真美さんが置かれた状況を正確に理解し、真美さんの取るべき行動を話し合わせることにより、強い意志をもつことの大切さや感謝の表し方、よりよい喜びのある**生き方**に目をむけられるよう、深く考えさせる。教材では、はじめに幾度もの挫折や困難にも負けず、夢に向かって強い意志をもち努力していく真美さんの姿に共感させる。教材後半では、真美さんが、日本のボブスレー界の未来のために、また、支えてくれた多くの人々への感謝の気持ちに応えるために、世界と戦うべく自分にできることは何かで、悩んでいることを理解させる。

　そして、真美さんの立場に立って、「現役を退くべきなのか、それとも続けるべきなのか」の判断を各自で下し、討論をさせる中で、困難を乗り越える人間の強さ、新たな夢や希望に向け感謝しながら生きることについて考えさせる。特に、他者の意見、根拠に触れ、より高い判断・理由付け

に到達する第二次においては、意見を交換し合う中で、各自の判断の理由付けの深化を図り、より積極的で前向きな自己像を形成させるとともに、誇りあるよりよい生き方を求める心について理解することで、人間としての生きる喜びを感得させたい。（＊参考文献　ダイヤモンド社　桧野真奈美著「ゆっくりあきらめずに夢をかなえる方法」）

○　ワークシート

① 判断理由付けカード

現役を退くべき	現役を続けるべき
そう考えた理由は？	

②書き込みカード

現役を退くべき		現役を続けるべき	
理　由	意見や質問	理　由	意見や質問
1．ここまでやって結果が出なかったし、競技人口を増やすためには若手を育成するしかない。		1．オリンピックに出ないと夢は叶わないしもったいない。オリンピックでの活躍がボブスレーの知名度を上げる。	
2．監督から指導者になるように言われている。		2．家族や支援者からオリンピック出場を強く望まれている。	
3．ここまで頑張れたことで悔いは無い。引退したとしても、今までの努力は、無駄ではない。学んだことを若い世代への指導という新たな目標に生かすことも、感謝の方法で恩返しにもなる。		3．自分の夢はまだ達成されていない。悔いがあるならあきらめずに、強い気持ちで納得できるまで続ける。また、結果を出すことで支えてくれた人々へ感謝の意を表すとともに、ボブスレー活性化にもつなげる。	
4．日本の女子ボブスレー界発展のためには、今から若手アスリートを育てていく必要がある。感謝の気持ちとして後進の育成へ貢献することが、崇高な使命であり、人として成長でき生きる喜びである。		4．このまま競技生活を終えたならば、一生悔いが残る。困難な状況を克服し、夢を実現することが、人としてより良い生き方であり、女子ボブスレー界の発展にも寄与できるし、そのことが、責任であり、義務である。	

モラルジレンマ授業の特徴

今一度、モラルジレンマ授業の特徴について、以下にまとめておく。

○道徳的な価値葛藤を扱うことで、対話（討論）を活発化させ、道徳的な判断力を高める。
○多様な視点からの対話（討論）を可能にする。
○事前と事後の変容を見てとれる。
　（第一次の判断・理由付けと第二次の判断・理由付けの比較等）
○2時間扱いの授業とした場合、児童生徒の実態（道徳性の発達段階）を適切に生かした**発問**による授業展開が可能である。（発問例）
　・認知的な不均衡を促す発問（N）　・結果を類推する発問（K）
　・道徳的価値の重要性の根拠を求める発問（D）
　・役割取得を促す発問（Y）　　　　　　　　　　　　　　　など

モラルジレンマ授業で留意すること

さらに、モラルジレンマ授業の充実に向けた留意点を示す。

○授業方法の一つであること。
○「ねらいとする道徳的価値」を様々な視点から考えさせること。
○教師が、対話（討論）における舵取りの方法をしっかりともっていること。つまり、論点を整理し（これがないと、言いっぱなし、発言は多いが深まりがない等の指摘を受けることになる）役割取得の機会を与えたり、多様な視点から考えさせたりするような発問をすること。
○心理的な葛藤を論点にしないこと。（～に嫌われないかと不安だからというような……。主は道徳的価値の葛藤であるので。）
○立場は違っても、納得できる根拠（理由付け）は、大いに認め合う

こと。（偏狭な二者択一ではないので。）

○道徳的な実践力をはぐくむ上では、架空の教材だけではなく、家庭
や学校等でのリアルな問題も効果的であること。ただし、問題によっ
ては、実態を考慮するなどの配慮が必要！

なお、どの教科等の授業においても、自分が感じ考えたことや意見等の
自己表現、そして、質疑応答がしっかりとできるよう、日常の学習規律等
を大切にした授業実践が欠かせないのは、言うまでもない。

5 とことん対話する「哲学対話」による授業

（1）「哲学対話」の意義

筆者が学校現場で授業中に、児童からよく発せられることとして、

「そもそも○○（○○は本時で扱っている道徳的価値）って何かなー？」

「○○が必要なのは、どうしてかなー？」

というものがあった。

しかし、自分の指導の未熟さもあり、残念ながらそのような発言をもと
にした対話を通して、児童の考えを十分に深める授業をすることができな
かったという反省がある。

「時間を気にせず、小学生なりにとことん考える授業をしたい」と、当
時よく考えていた。（もちろん、弾力的な時間の活用等を含め、実現可能
であったと考えるが）それは、上述のような発言が、リアルな児童の疑問
だからである。このような疑問を大切にして考えていくことが、机上の学
びで終わらない汎用性のある学び、自分の**生き方**を考え創る学びにつなが
ると考える。

道徳的価値そのものについて考え始めると、45分間の授業で終えられ
ないことが多かったのである。そもそも、小学生なりの考えを思う存分話
せるということが大切であり、想像できる正解を言わせることが道徳科の

授業ではないのである。そこで、テーマに関連する他教科等の授業での調べ学習を通して蓄えた知識（情報）を基に、道徳科の45分間全てを話し合い（対話）とした授業づくり（授業後に、自分の学びを振り返りシートへ記述する）をした経験もある。

　道徳科では、児童生徒一人一人が道徳的価値を含む課題について自分ごととして「考え、議論する道徳」へと転換が図られた。そして、今次学習指導要領の趣旨を踏まえ「主体的・対話的で深い学び」の視点からの授業改善が進んでいることは周知のことである。このような状況を考慮すると、とことん対話する「哲学対話」を取り入れた授業づくりは大変意義深いものと言える。（哲学対話についての詳細は、専門的に研究されている諸氏による書物が多数発刊されているので、参考にしてほしい。）

　哲学対話については、「答えが簡単に見つからない哲学的な問いをめぐって、児童生徒と教員が一緒になって対話しながら思考を深めていく教育活動」（土屋、2019）であり（注8）、「人が生きる中で出会うさまざまな問いを、人々と言葉を交わしながら、ゆっくり、じっくり考えることによって、自己と世界の見方を深め豊かにしていくこと」（河野、2020）であると意義付けている（注9）。

　河野哲也編『ゼロからはじめる哲学対話』によると、「哲学対話」という日本語の語句が広く使われるようになったのは、「早くとも2010年以降のこと」で、「哲学カフェや子どもの哲学などの形で行われる哲学的な対話が、いつしか関係者の間で『哲学対話』と呼ばれるようになり、哲学カフェの活動が広まるにつれて、人々の共通の語意になった」ということである。そして、「哲学カフェや子ども哲学、哲学相談などの活動をまとめて『哲学プラクティス』と呼ぶことがある」とされる（注10）。その中でも、「子ども哲学は、哲学者マシュー・リップマンによりアメリカ合衆国で始まり、その教育法は『P4C（Philosophy for Children）』と名づけられ、その後、世界各国に広がった」ということである（注11）。

　また、河野氏は、同編著書で哲学対話の意義については、様々な実際的

な意義があるが、効用の中でも次の三つを挙げている（注12）。

　＊同編著を基に筆者が抜粋し作成。

---

①**多様な人生の共生**

　哲学対話は多様な人々が共生する社会を築く。私たちは、ものの考え方、価値観、人生観、世界観などが異なる人々と共に生きているのだから衝突や不和が生じるのは当たり前のことであり、その中で人が生きる上で大切な問いを、互いの意見を尊重しあいつつ考える哲学対話は最良の手段である。これにより、多様な人々が共生する社会を築くことに貢献する。

---

②**風通しのいい社会**

　多様な人々が共に生きることのできる社会は風通しのいい社会と言うこともできるのではないか。同じ文化的背景を持つ人々の間でも、感じ方や考え方は多様であるが、それらの少しの違いにより、時に無視や排除されたり、抑圧されたりすることがある。日本では強いと言われる。互いに顔色をうかがい、腹をさぐり、空気を読み、角が立たないように違いを調整する、息苦しい社会。そのような息苦しさを和らげて風通しのいい社会を築くことに、哲学対話は貢献する。問いを封じるのではなく、歓迎し、自由に、率直に語り合い、互いの意見を吟味し、納得のいく見解を創ろうとする社会が成熟した社会である。

---

③**まともな集団的意思決定**

　哲学対話は、互いの考えが変わっていくことを前提とする言語活動である。現代社会が直面する様々な問題は、そもそもよい生とはどの

ような生か、幸福とは何か、わたしたちはどのような世界に生きたい
のかという根本的な問いにつながる。そのような問いに対して、意見
を交わしながらよく考える過程、熟議がなければ良い意志決定はでき
ない。熟議は、重大な事柄に関われば関わるものであるほど、根本的
に問うことになる。このような熟議に、哲学対話の技法と作法、そし
て哲学対話によって培われた対話の文化は貢献する。それを介して、
よい集団的意思決定にも貢献し、言い換えると民主主義に貢献すると
いうことである。

　このような意義は、激変するこれからの社会で、自律的にたくましく生
きていくことのできる児童生徒を育む上で、重要な実践であると考える。
教室での学びを閉じた学びから、実際の生活で生かしていく知恵として活
用できるような**生き方**を創る対話になりえると考える。
　「哲学対話によって、人間のあらゆる知的な活動の基盤を、哲学的な対
話によって成立する共同の探求に求め、探求のない教室を探求のある教室、
探求の共同体に変えることを目指した」リップマンは、「探求の共同体に
よって育まれる思考力を４つの側面から説明」しているとし、河野氏は以
下のように同編著書の中で述べている（注13）。

　　当たり前だと思われていることをあらためて問うこと（批判的思
　　考）、その問いを自分自身で考えること（自律的思考）、コミュニケー
　　ションを通じて他の人々と共に考えること（共同的思考）、それによ
　　ってよりよい意見を形成していくこと（創造的思考）です。批判的思
　　考はただ問い、疑うことに終わるのではなく、新しい意見を生み出
　　す創造的思考に発展することによって、自律的思考はただ一人孤独
　　に考えることに終わるのではなく、他の人々とともに考える共同的
　　思考に発展することによって、それぞれ十全なものになる〔…〕

　ここで挙げられている批判的思考、自律的思考、共同的思考、創造的思考は、言葉の違いはあれども、生きる力を育成するために、自分自身の**生き方**を創るために必要な思考であると言える。

（2）哲学対話の方法

　ここでは、初等中等教育で普及させたリップマンの教育実践「**P4C**（Philosophy for Children）」を基に、みていく。具体的な基本のプロセスなどについては、**P4C**の実践拠点で学び日本の学校で紹介されてきた新潟大学の豊田光世氏が著書『P4Cの授業デザイン』（2020）をはじめ、複数の雑誌等とでも紹介されているが、基本のプロセスは、以下の通りである。

　＊**哲学対話の説明をする**

・これから行うことについての理解を得る

・お互いに大切にすること（理解し合うこと、セイフティ、ゆったりとした流れ、問うことと思考することなどの心構え）を確認する

①**円になる**

・参加者全員が対等であるようゆがみのない真円形の輪にする

・教師も入る

・机は無い方が心理的距離を取り払う

②**テーマに関連した考えたい問いを作る**

・教科書等を読んで、問を作る

・教師が提示したテーマ等から問いを作る（対話後に教材を読む）

③**対話する**

・対話のルールについて確認する

・対話を通して問いについて探求し考えを深めていく

④**時間になったら対話をやめ、振り返る**

・対話について振り返る

・ワークシートやノートに自分の考えや変化、更に考えたいこと等を
記述する

①については、複数グループにする場合もありえる

②については、教師が立てた問い（本時の価値内容に関わる）で時間ま
で進める場合もある（教科書は活用しない）

③については、対話の前に一人学びの時間をとる場合もある。コミュニ
ティボールを使うときもある（ボールをもっている人が話す）

④については、みんなで、あるいは個人で振り返る場合もある

　つまり、基本のプロセス（児童生徒自らが問いを持つ、児童生徒の思考
の流れに沿って授業を進める、対話のなかでの互いの問いかけによる思考
の広がりや深まり）を押さえれば、自由に工夫が可能である点も実践する
上での魅力である。ただし、自由であると言っても、道徳科の授業である
から、道徳的価値について対話を通して多面的・多角的に考え、自分ごと
として**生き方**についての考えを深められている、新たな視点による考えを
構築し更なる追究を目指したり、実践への意欲付けが見られたりしながら
道徳性に関わる学びにつながる必要がある。

　ここで、対話に大切な②テーマに関連した考えたい問いを作るときのコ
ツについて、堀越耀介氏の著書『哲学はこう使う』（2020）から引用し紹
介する。堀越氏は、どんな問いも問う「角度」を変えることで、哲学的問
いになるとし、問の変換として、以下のような３つのコツについて示して
いる（注14）。＊筆者が抜粋し作成。以下同様。

[問い立てのコツ①　根源や意味にさかのぼる]

　○「〜とは何か」と問うこと、つまりその「根源」や「意味」にさ
　　かのぼり、「本質」や「共通了解」から立てる

　【例】　生きる意味とは何か、成長とは何か、自由とは何か、
　　　　　平等とは何か、正義とは何か、平和とは何か　　　など

> **問い立てのコツ②　善悪や価値、べき／べきでないを問う**
>
> 　○単純に物事の「善悪」や「価値」、「べき／べきでない」を問うことから立てる
>
> 　【例】　友だちは多い方が本当にいいか
>
> 　　　　　人に迷惑をかけなければ何をしてもよいか
>
> 　　　　　人と比べるのは悪いことか　　　　　　　　　　　など
>
> **問い立てのコツ③　自分の経験から考える／前提や定義をはっきりさせる**
>
> 　○まずは自分の経験から考えられる問いにすること、そして、そもそもの前提や言葉の定義をはっきりさせる問いにする
>
> 　【例】　怒りとは何か、成功することはどういうことか　　　など

　哲学対話を通した哲学的な思考は、問いを立て続けていくことで深まっていく。したがって、問いの立て方も重要になる。児童生徒が問いを立てる、そもそも問う力を育むためにも、問いを立てるヒントとして活用したい。

　哲学対話実践上のルールは様々あるが、以下のことを大切にしたい。

　○自由な雰囲気の中で、平等に様々な問いに、意見や考えを交流できる

　○同じ児童生徒が一方的に話すことがないよう司会が適度に介入する

　○他人の意見や考えをじっくりと聞くことを大切にする

　○意見を述べない児童生徒に対して無理強いはしない

　○沈黙の場面があってよい（じっくりと考えることによる大切な沈黙）

　哲学対話は、勝ち負けや誰の発言がよりよかったかというようなことを問題にはしないのである。一人一人が対話のメンバーとして、「問いを共有し変化のプロセスへの参加が感じられることが哲学対話の醍醐味である」と堀越氏は言う（注15）。**自律的な「生き方」を創る**上で大切な視点と言える。

　P4Cを継続していると、相手を受け入れる風土に満ちた学級づくりにもつながることがメリットの一つとして挙げられる。そこで、哲学対話の心構えとして堀越氏が挙げていることを示す（注16）。

○話すより、聞くこと（聞くことよりも聴くこと）

　注意深い傾聴、話し始めた人の話を遮らず、終わるまで待つ

○答えるより応える（そして問いかける）

　問いかけることは聴くことを前提にする、応答する

○自分の経験から、自分の言葉で考える

　わかる人だけがわかる言葉ではなく、誰もがわかるよう自分の経験から、自分の言葉で語る

○合意や結論にたどりつかなくてもいい

　大切なことはプロセスである、合意や結論に達することがあれば、どこが合意できるのかを確認することにも意味がある

○モヤモヤ感はあえて持ち帰る

　わかった気になって終わるより、「もっと考えたい」、「ここがわからなかった」という感覚が私たちを動かす原動力になる

○無理に発言しなくてもよい

　人を非難したり侮辱したりしない、どんなことでも自由に発言していい、反対に無理に発言せず聴いているだけでもいい、よく考えることが重要である

（3）実践例

総合的な学習の時間等との関連を図った道徳科の時間における実践（「生命尊重」小学 6 年生）

　「総合的な学習の時間」で「命」をテーマとした取組（単元名「みんなの命（人間）25 時間扱い」を生かした道徳科の授業について紹介する。まず、「命の尊さ」を扱った道徳科の授業や、命に関わる様々な教科等で学んだことを想起させる。次に、「取り組みたい」また、「考えたい」課題について一人一人が課題を作るが、そのために、「命」についてのイメージを基にしたウェビング図を作成させる。その後、児童の発表を関連させ

ながら板書したものが下の図である。このウェビング図を基に、個人で追究する課題と全体で追究する課題を話し合いながら決める。「かけがえのないもの」「大事」「大切」は、ほぼ全員がイメージとして提示しており、「なぜ命は大切で、かけがえがないのか」（生命の尊さ）という課題を全体で追究する課題として、後日道徳科の授業において対話することにした。
（＊総合的な学習の時間　単元計画参照）
【総合的な学習の時間　単元計画（簡略）】
　事前（2時間）私たちの命について調べたいことを出し合おう

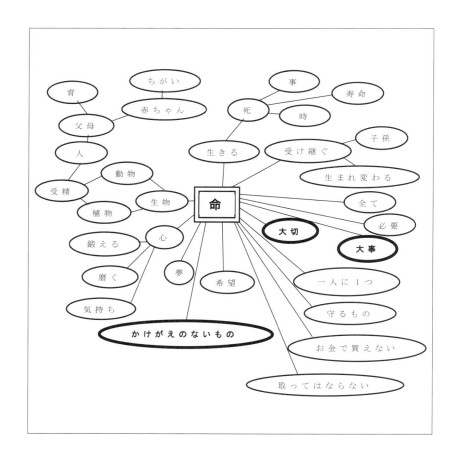

・ウェビング図を作る

・自分の課題と全体の課題を決める <

・課題別グループをつくる

> 個人課題と学級全体としての課題を自分たちで作る
> 学級全体としての課題は、後日道徳科で追究することを明示

第 1 次（6 時間） 調べる計画を立て、必要な情報を集めよう

・どんな方法、どんな場所で調べたらよいか考え情報収集する

（本、インターネット、図書館、保健所、病院（産婦人科）など

・グループごとの交流をする

> 関係機関への訪問による学び

第 2 次（11 時間） 解決したことを発表しよう

・工夫してまとめる

・発表の練習（質問の予想と回答）

・体育館でポスターセッションをする <

> 個人課題（共通の課題グループ）ごとの発表
> 質疑応答を大切にする（校内の先生方の協力）

第 3 次（5 時間） 新たな課題について話し合おう

・新たな課題解決のための更なる

情報収集

・まとめ

> （＊）第 4 次の前に「生命の尊さ」に関わる道徳科の授業（学級全体で追究する課題）を行う

第 4 次（1 時間） 私たちの命についての学びをまとめよう

・自由記述による学習のまとめをする < 新たな気付きや考えの構築

【関連の学び】

○理科　　　5 年生「メダカの誕生」　6 年生「ヒトの発生」

5・6 年生「動物の飼育や植物の栽培活動」

○保健体育科　5・6 年生「体の健康」「性に関する指導」

○道徳科　　これまでに実施した視点 D の「命の尊さ」に関わる授業

【日常生活との関わり】

○飼っている動物や身内の方などの死の体験　　○家での栽培活動

（＊）道徳科での授業

　事前段階で、個々人で追求する課題と全員で考え追究する課題を自発的に作り、第4次の前に、「生命の尊さ」に関わる道徳科の授業を行う。児童全員で追究する課題は、「なぜ命は大切で、かけがえがないのか」である。様々な視点から、対話を通して深い学びにつなげる。児童は、個人課題の追究段階で収集し考えたことを基に、以下のような視点で話しをした。命について考える視点については、多様な研究や実践があり、柴原弘志氏の「生命」についての多面的観点による理解としての6観点（注17）や以下のような川崎市総合教育センター道徳研究会議の「いのち」の7観点（注18）等がある。

> ○特殊性・偶然性　○有限性　○関連性・連続性
> ○共通性・平等性（・普遍性）○精神性・可能性　○神秘性
> ○共鳴性

　授業では、このうち、偶然性、平等性、関連性・連続性、神秘性、有限性という視点からの対話がなされた。紙面の都合上詳細を示すことはできないが、一部を紹介する。授業の終わりは、この対話を通して「なぜ命は大切で、かけがえがないのか」について、自分の考えをノートにまとめる。

> 【関連性・連続性に関する対話】（Cは児童、Tは教師。以下同様。）
> C1　今の自分は、両親がいて、その両親にも両親がいて……とつながってきて生まれてきているから、そのことを考えると大切にしなければならないと考えます
> C2　私も同じですが、それだけずーと受け継がれてきているから、かけがえがないと思います
> C3　僕は、お父さんやおばあちゃんから聞いたんですが、受け継がれてきたのは、遺伝的にだけでなく、生まれてくるときの親の願い

や思いを受け継いでいるから大切にしなければと考えます

T　親の願いとは、具体的にどんなことですか

C3　元気で大きくなってねとか、生まれてきてとてもうれしいとか、
　　そういうことです　～

【神秘性に関する対話】

C4　私は理科で学習したことについて、詳しく調べたんですが、受精
　　卵が細胞分裂を繰り返してすごく細かく分かれていたものから、
　　だんだんと形ができてくるのが不思議で、そんな自分では考えら
　　れないことから、う～ん今の自分がいるので一……、助けてくだ
　　さい

C5　人の手で何か作るようにはできない、わからない？　見えない力
　　が働いて人間として生まれてきているから大切だと……

T　この見えない力が、なぜ大切に結びつくのか、他の人はどう考え
　　ますか

C6　なんか不思議でよくわからないんだけれど、そういうことで、
　　力？がないと人間としてこの世に出てこれないから、その力のお
　　かげで今あると思うと大切にしなければという意味　～

【有限性や平等性に関する対話】

C7　人には寿命があって、必ず死んでしまうから

C8　人だけじゃないけれど、飼っているペットが死んだときすごく悲
　　しくて泣いた。でもいずれ死んでしまうから、大切にしなければ
　　と考えます

T　いずれ死んでしまうから、大切なの？　この部分について、みん
　　なの考えをもっと聞きたいんだけれど

> C9　死んでしまったら元に戻らないし、それに人によって生きる長さ
> 　　も違うし、決まっていないし、わからないし、だからかけがえが
> 　　ない
> C10　それって、人によって短いや長いはあると思うんですが、みんな
> 　　一人一人にあり（命が）同じだと思うんですよね（平等性）だか
> 　　ら、その中で、大切に生きなければということだと……
> 　　　　　　　　　　　この後も発言は続く、そして、
> C11　さっき C10 さんから同じだと思うとい　視点の変更による対話
> 　　う話があったんですけど、　他に……

⑥ 体験活動を生かした授業

　体験活動とは、「体験を通じて何らかの学習が行われることを目的として、体験する者に対して意図的・計画的に提供される体験」のことで、「生活・文化体験活動、自然体験活動、社会体験活動の三つに大きく分類される」（注19）が、児童生徒は、学校の教育活動や日常生活の中で多くの体験をする。その中で、意識せずとも、直接自然や人・社会などと関わる活動を行うことにより、五感を通じて何かを感じ学んでいるが、様々な道徳的価値に触れるとともに、自分との関わりで感じ考えている。このことに関わり、文部科学省の「体験活動事例集－体験のススメ－（平成17,18年度　豊かな体験活動推進事業より）」Ⅰの1「体験活動の教育的意義」の中では、以下の8点を効果として挙げている。

①現実の世界や生活などへの興味・関心、意欲の向上
②問題発見や問題解決能力の育成
③思考や理解の基盤づくり
④教科等の「知」の総合化と実践化
⑤自己との出会いと成就感や自尊感情の獲得

⑥社会性や共に生きる力の育成

⑦豊かな人間性や価値観の形成

⑧基礎的な体力や心身の健康の保持増進

　このような効果を期待できる体験活動は、今次学習指導要領で育成を目指す根幹としての「学びに向かう力、人間性等」、つまり、道徳性という人格特性を育む上でも大変重要な活動と言える。したがって、道徳科の学習は、他の教育活動や日常生活における体験活動等との密接な関連を図りながら、実践することが大切である。様々な学びを生かすことで、道徳的価値について多面的・多角的な視点から考え理解を深めたり、自分の**生き方**を深く見つめたりすることで、道徳性を育んでいく。ここでは、総合的な学習の時間における体験活動を生かした道徳科の授業について紹介するが、『小学校学習指導要領解説（平成 29 年告示）総合的な学習の時間編』では、探求課題について、以下のように述べている（注20）。

　　学校の実態に応じて、例えば、国際理解、情報、環境、福祉・健康などの現代的な諸課題に対応する横断的・総合的な課題、地域の人々の暮らし、伝統と文化など地域や学校の特色に応じた課題、児童の興味・関心に基づく課題など、横断的・総合的な学習としての性格をもち、探究的な見方・考え方を働かせて学習することがふさわしく、それらの解決を通して育成される資質・能力が、よりよく課題を解決し、自己の生き方を考えていくことに結び付いていくような、教育的に価値のある諸課題であることが求められる。

そして、この課題について更に以下のように述べている（注21）。

　　社会の変化に伴って切実に意識されるようになってきた現代社会の諸課題のことである。そのいずれもが、持続可能な社会の実現に

関わる課題であり、現代社会に生きる全ての人が、これらの課題を自分のこととして考え、よりよい解決に向けて行動することが望まれている。また、これらの課題については正解や答えが一つに定まっているものではなく、従来の各教科等の枠組みでは必ずしも適切に扱うことができない。したがって、こうした課題を総合的な学習の時間の探究課題として取り上げ、その解決を通して具体的な資質・能力を育成していくことには大きな意義がある。

　つまり、総合的な学習の時間での学びは、道徳科における道徳的価値について、より重点的に補充したり、統合したりする時間として位置付けることができるのである。それぞれの課題は例であり、学校により取組は異なる。例えば、福祉であれば、横断的・総合的な課題（現代的な諸課題）であり、「**身の回りの高齢者とその暮らしを支援する仕組みや人々**」のような探究課題を例に取り組むことができる。この総合的な学習の時間の単元では、以下のような取組を行う。

①身近な社会福祉に関わる施設について調べ学習をする。（身近な所に介護老人保健施設があることを知る）
②施設でのお年寄りの方との交流を計画する。（施設の職員の方への連絡や相談をしながら施設で何ができるのかを計画する）
③交流のための準備をする。
④**施設での交流活動（体験活動）をする。**
⑤帰校後、振り返り活動をする。

☆公共の精神という道徳的価値を窓口に道徳科の学習で、考えを深める
⑥さらに、学びを日常生活でどのように生かしていくのを考え発信する。

上記☆に関わる道徳科の授業（略案）
　〇主題名　　「公共のために役に立つ」（視点C（14）「勤労、公共の精神」）
　〇教材名　　「わたしたちのボランティア体験」（東京書籍　小学5年生）

○　**ねらい**　ボランティアの高橋さんの話を聞いたときの「わたし」が考えたことや施設訪問で感じ考えたことを話し合うことを通して、社会に奉仕する喜びを知り、公共のために役に立とうとする心情を育てる

○　**本時の展開**

	学習活動	■留意点　◇評価
導入	1．ボランティア活動やボランティア体験の経験を話し合う。 ○先週の施設訪問で、どんなことをしましたか。 ・ゲーム　・お話　・歌や器楽演奏など	■先週の施設訪問を想起する。
展開前段	2．「わたしのボランティア体験」を読んで話し合う。 ○老人ホームでお年よりを見たとき、「わたし」はどんな気持ちになっただろうか。 ○一生懸命ゲームをしているお年よりを見て、「わたし」はどんなことを考えましたか。 ◎高橋さんの話を聞いたとき、「わたし」はどんなことを考えただろうか。 〔施設での体験活動を生かす〕	■教師が範読する。 ■「わたし」の気持ちに共感させる。発表 ■高橋さんに話しかけられたときの、「わたし」の考えを捉える。発表 ◇気持ちや考えの変化を捉えている。
展開後段	3．教科書の「ボランティアについて知ろう」を見ながら、先日の施設訪問を振り返って話し合う。 ◎先日の施設訪問で、感じ考えたことはありますか。 ・思っていたよりも、みんなすごく楽しんでくれた。 ・いつもしてあげることがよいとは限らないことがわかった。（自分でできることは自分で行いたい） 〔お年寄りの方の考え〕	■先日実施した施設訪問の振り返りを思い出す。 ◇自分の考えの変容に気付いている。

	学習活動	■留意点　◇評価
展開後段	・自分たちにも、できることがあるんだと感じた。 ・自分も楽しかった。　　　　など	
終末	4．施設の方から届いたお礼の手紙を読み、今後の**生き方**へつなげる。 ○施設の方から、先日の訪問について、お礼のお手紙をいただいたので、読みます。	■**学校に届いた手紙の披露**。社会奉仕や公共の役に立とうとする意欲付けを図る。

　福祉に関する関心や意欲を高めるとともに、人との触れ合いで大切なことや社会への奉仕活動の意義、公共のために役立つこと等について学ぶことを目標に、総合的な学習の時間と道徳科の時間の関連を図った取組を行う。

　児童は、事前の調べ学習により、身近な所に関連した施設があることを知り、インターネットを活用したり、他の人に聞いたりしながら、施設の概要を理解する。

　訪問予定の施設に訪問の了解と、訪問の趣旨を伝えるために連絡を取り（事前に学校としての訪問の了解を取っておく）、了解を得た上で、施設訪問を計画し、自分たちができることをグループに分かれて話し合う。（できることとできないことを練る）この段階では、施設入所者の実態を考慮した取組内容を考えるための時間を十分に確保する。教師は、安全面や難しい取組について、再考するよう指導助言を行うが、児童の考えを尊重するよう心がける。

　実際の施設訪問における体験活動では、児童の企画したことを時間内に終えることができるよう、時間管理を意識させながら進める。この活動を通して、児童は様々な生活の仕方に触れるとともに、自分たちの全ての取組や考え方が良いとは限らないことに気付かされる。例えば、なんでもお世話する、してあげるという考えで行動することが、正しいとは限らないことを認識したりするのである。お年寄りの方たちが自分たちと一緒に、笑顔で一生懸命に取り組む姿を通して、社会貢献とはについて考えたり、

自分の**生き方**を振り返ったりする機会となる。

このような総合的な学習の時間での学びは、道徳的価値として視点B「親切、思いやり」や視点C「勤労、公共の精神」、または、視点C「家族愛、家庭生活の充実」、グループによってはお年寄りから自分たちの家族や孫の話などを聞き、視点D「生命の尊さ」に関連した内容に触れる機会ともなっている。しかし、これらの道徳的価値について、多面的・多角的に深く考える取組までには至っていない。

したがって、これらの取組及び道徳的価値についての学びを補充したり、統合したりして深く考える要となる道徳科としての役割が重要になる。そこで、この実践では、視点Cの「勤労、公共の精神」を主として扱う教材を基に、そして、自分たちの体験活動を生かし、道徳的価値の理解を深めたり、自分ごととして、今後の**生き方**を考えたりする時間として道徳科の授業を実践している。

▌7 地域との連携を図った人材活用による授業

道徳科や道徳教育で養う道徳性は、学校のみならず、本来家庭や地域の中でも育まれるものである。そこで、家庭や地域との連携を図る機会として道徳科で保護者や地域の人々の参加や協力を積極的に得ることは、児童生徒にとっても保護者や地域にとってもよい取組と言える。

ここでは、地域人材を活用した小学2年生の授業を紹介する。視点C（14）「よりよい学校生活、集団生活の充実」に関わる内容項目で、学校を支えている人々との関わりを深めながら、敬愛の心を育て学級や学校の生活を自分たちで一層楽しくしようとする道徳的な心情や態度への構えを育むことをねらいとしている。

○　主題名

「私たちの学校」（C（14）「よりよい学校生活、集団生活の充実」）

○　教材名

「六つの　とんがりの　ある　校しょう」（東京書籍　H22 年度版）

○　教材について

開校記念日を前にして、朝会のとき、校長先生から聞いた「校章」についてのお話を基に、たかおが、そのことを早く誰かに教えたいという心の高まりをもって終える教材である。校章は、どの学校にもあり、自分たちの学校の校章にも興味をもって目を向け、考えることのできる教材と言える。

○　他教科との関連

生活科の学習で「町たんけん」を行うが、特に身近な町の人たちと交流しながら、その後も親交を深めている。その中には、日常的に登下校時、いつも交差点に立ち挨拶や声かけをしてくれる人もたくさんいる。その際、「いつも元気がいいね」と褒められたり、「おじさんも△△小の卒業生なんだよ」と教えられたり、学校に対する愛着を感じられる触れ合いも多い。このような日常生活における経験を道徳科の授業で大切に取り扱うことにより、学校での生活について考える時間とする。

○　地域人材の活用

登下校時に毎日顔を合わせ挨拶したり、話したりしている地域の方（この授業では同窓会長）を展開後段及び終末で登場させ、母校の校章のことや昔の学校の出来事などのお話を聞いたり、児童の質問に答えたりする時間をつくる。ここでは、45 分の中で効果的に授業を進めるため、展開後段の登場については、前もって地域の方を取材し話してもらった様子をビデオ撮影し、5 分間に編集したものを活用し見せている。

○　ねらい

主人公の学校のよいところと、自分たちの学校のよいところを、支えてくれている地域の人からのお話を聞き比べることにより、学校を支えてい

る人々との関わりを深め敬愛の心を育てるとともに、学級や学校の生活を
自分たちで一層楽しくしようとする道徳的な心情や態度への構えを育む。

○　本時の展開

	学習活動	■留意点　◇評価
導入	1．自分たちの学校の誕生日を知り、本時の学習について把握する。 ○もう少しで○月△日です。学校はお休みですが、何の日か知っていますか。 ○今日は、学校のことについて、詳しく考える時間にします。	■児童一人一人に誕生日があるように、学校に誕生日があることを知らせ、ねらいとする価値への方向付けをする。
展開前段	2．「六つの　とんがりの　ある　校しょう」を読んで、感じ考えたことを話し合う。 ○たかおたちの学校の自慢できるところは、どんなところだろうか。 ・元気のよい子がたくさんいる。 ・たかおたちのことを考えてくれる先生方や主事さんがいる。 ・大切に思ってくれる家の人がいる。 ・暖かく見守ってくれる地域の方がいる。 ・卒業した人がたくさんいる。 ・木や花に囲まれた校舎がある。　　　など ○先生や主事さんは、どんなときに、たかおたちのことを考えてくれると思いますか。 ・困っているとき。 ・勉強がわからないとき。 ・けがをしたとき。　　　　　　　　　など 3．たかおは、学校の自慢を誰にどのように教えるのかを考え、発表する。 ◎たかおは、これらの自慢を誰に、どのように教えてあげたのだろうか。 ・家のひとに。 ・帰ったらすぐに。　　　　　　　　　など	■教師が範読する。 ■黒板に校章の絵を貼って提示す。校章のとんがり一つ一つの意味を発表する。（板書） ■六つの星の意味を押さえるとともに、どんなときにみんなのことを考えてくれるのか予想する。（発表） ◇たかおに役割取得し、学校のよさや思ったことを発表する。 ■「あのね、〜」の形式で発表する。
展開後段	4．自分たちの学校の校章やよいところについて考える。 ○学校の校章は、どこにあるだろうか。 ・玄関のところにある。 ・体育館の上の方にある。　　　　　　など	■校章の写真を拡大したものを貼る。また、学校旗を用意し、見せる。

	学習活動　　　　　地域人材の活用	■留意点　◇評価
展開後段	○△△小学校の校章について知ろう。 ＊地域の方（登下校時に見守ってくれている顔なじみの同窓生）のお話を聞く。 ◎△△小のよいところ（自慢できるところ）は、どんなところだろうか。 ・地域で守ってくれる人がたくさんいる。 ・校舎の中がきれい。 ・優しい人が多い。　　　　　　　　　　など	■ビデオの活用 （同窓生である地域の方に、担任が取材のインタビューをしている場面、5分） ■ビデオのお話をヒントに、たかおの学校のよいところと比較しながらワークシートに記述する。その後隣同士で意見交流し、全体で発表する。
終末	5　今日の学習で感じ考えたことを発表する。 ○ワークシートに書いたことを発表しよう。 ・自分たちもたかおたちのように、もっとよい学校にしていきたい。 ・これからも楽しく生活したい。 ・△△小のよいところをみんなに伝えたい。 ・学校で働いている人に感謝の言葉を言いたい。 ＊実は、今日ビデオの中で話しをしてくれたみんながよく知っている人に登場してもらいます。　　実際に地域の方が登場 ・えー！ ・来てたのー！	■ワークシートに記述 ◇校章には学校の願いが込められていることや学校に関わるたくさんの人々への感謝の気持ち、これからの学校での過ごし方等の記述や発表する。 ■ビデオに主演していた同窓生が登場し、今日の授業の感想や願いについて話すとともに、児童の質問にも応えてもらう。

【授業における地域人材の活用ポイント】

　120年を超える歴史のある学校なので、同窓生がたくさんいる。日頃から交通安全パトロールをはじめ、「子どもを守る組織」が機能しており、登下校時も地域の多くの方が校区の様々な場所に立ち、児童に声をかけてくれる。協力を頼むと誰もが引き受けてくれる状況にあった。この授業では、同窓会長にお願いし、2年生向けに優しい言葉で話してもらっている。

　前もって、担任と同窓会長が打ち合わせを行い、授業のねらいを踏まえ、ビデオ撮影時にどのような内容の話をするのか、共通理解を図っている。

　担任と同窓会長の話の内容として、

①校章の意義
②学校への思い
③日常生活における子どもとの関わりから感じていること
④先生方との触れ合いから考えていること

を語ってもらった。前もって、本人の了解のもと 5 分間に編集したものを、授業の展開後段で活用することの理解を得ている。(道徳科の授業 45 分の中で活用するため)

③の「日常生活における子どもとの関わりから感じていること」については、日頃の児童とのお話や学校外の地域で実際に関わり交流したことなどのエピソードを基に話してもらっている。

さらに、授業の終末に教室に登場してもらい、本時の児童の様子をもとに、感想や考え、願いについて話したり、児童の質問に応えたりする場面を設定し(短い時間であるが)、今後の学校生活への意欲付けを図っている。この授業は、学校の公開研究会として行った一つの授業であり、保護者や地域の方の他、市内の先生方がたくさん参観に来ていたため、同総会長には、児童からは見えない位置で授業を参観してもらっていた。

同窓生の方は、母校に対する愛着が強い。母校に通う児童のことを思い、日頃から様々な連携・協力をいただいているので、このような授業における活用の仕方も、事前打ち合わせを行うことで、可能となる。

地域の児童を地域全体で育てていくことの大切さを感じながら、教師も児童も感謝の心を育むとともに、今後児童一人一人が自分の**生き方**を考える上でも、大切な取組と言える。

注記

注1　柴原弘志『道徳教育』明治図書、2017年8月号、5頁

注2　磯部一雄『道徳教育』明治図書、2017年8月号、57頁、杉中康平『道徳教育』（1月）、明治図書、2020年、43頁

注3　田中耕治編著『教職教養講座　第6巻　道徳教育』協同出版、2017年 119-122頁

注4　早川裕隆『道徳教育』明治図書、2022年6月号、42頁

注5　廣川正昭「第2部第2章価値葛藤論と展開」『道徳教育入門』日本道徳教育学会［編］、教育開発研究所、2008年、93-95頁

注6　荒木紀幸編著『続道徳教育はこうすればおもしろい』北大路書房、1997年、127頁

注7　荒木紀幸編著『道徳教育はこうすればおもしろい』北大路書房、1988年、27-31頁、樹澤実「氷上のF1　ボブスレー」荒木紀幸編著『小学校新モラルジレンマ教材と授業展開』明治図書、2017年、102-107頁

注8　土屋陽介著『僕らの世界を作りかえる哲学の授業』青春出版、2019年、101頁

注9　河野哲也［編］『ゼロからはじめる哲学対話』ひつじ書房、2020年、3頁

注10　同『ゼロからはじめる哲学対話』2頁

注11　同『ゼロからはじめる哲学対話』10-11頁

注12　同『ゼロからはじめる哲学対話』18-22頁

注13　同『ゼロからはじめる哲学対話』23-24頁

注14　堀越耀介著『哲学はこう使う』実業之日本社、2020年、93-95頁

注15　同『哲学はこう使う』149頁

注16　同『哲学はこう使う』153-162頁

注17　柴原弘志「道徳教育推進上の今日的課題⑮」『中等教育資料』2004年10月号、108-109頁、柴原弘志「道徳教育推進上の今日的課題⑯」『中等教育資料』2004年11月号、66-67頁

注18　川崎市総合教育研究センター道徳研究会議「生きる喜びを感じることができる道徳教育」2005年、117頁

注19　中央教育審議会「今後の青少年の体験活動の推進について（答申）」2013年、5頁

注20　文部科学省『小学校学習指導要領（平成29年告示）解説 総合的な学習の時間編』2018年、29頁

注21　同『小学校学習指導要領（平成29年告示）解説 総合的な学習の時間編』74頁

参考文献

1　押谷由夫　宮川八岐編集『重要用語300の基礎知識⑫　道徳・特別活動』明治図書、2000年

2　田沼茂紀編著『道徳科　重要用語辞典』明治図書、2021 年

3　堀越耀介編著『哲学はこう使う』実業之日本社、2020 年

4　河野哲也編『自分で考え自分で話せる子どもを育てる哲学レッスン』河出書房新社、
　　2018 年

5　河野哲也編『ゼロからはじめる哲学対話』ひつじ書房、2020 年

6　梶谷真司著『考えるとはどういうことか』幻冬舎新書、2018 年

7　土屋陽介著『僕らの世界を作りかえる哲学の授業』青春出版、2019 年

8　豊田光代著『p4c の授業デザイン』明治図書、2020 年

9　p4c みやぎ・出版企画委員会著、野澤令照編『子どもたちの未来を拓く探究の対話
　　「p4c」』東京書籍、2017 年

10　荒木寿友著『ゼロから学べる道徳科授業づくり』明治図書、2017 年

11　中央教育審議会「今後の青少年の体験活動の推進について（答申）」2013 年

12　文部科学省『体験活動事例集 – 体験のススメ –［平成 17，18 年度豊かな体験活動
　　推進事業より］』2008 年

13　文部科学省『小学校学習指導要領（平成 29 年告示）解説 総合的な学習の時間編』
　　2018 年

IV

自律的な「生き方」を創る情報モラル教育

第**8**章

情報モラルと
道徳教育

■1 情報モラルに関わる留意点と批判的思考

　私たちは日常生活で多くの問題に出会い、多くの課題の解決に取り組んでいる。今後は、それらの問題が、多様化、複雑化する傾向にある。先行き不透明な社会であるからこそ、私たちは正しい情報の基で正しく状況を認識し、判断し、課題を解決していく必要がある。情報モラルについて『小学校学習指導要領（平成29年告示)』では、第1章総則第2の2「教科等横断的な視点に立った資質・能力の育成（1)」で、「各学校においては、児童生徒の発達段階を考慮し、言語能力、情報活用能力（情報モラルを含む。）～」という記述があり、情報活用能力に情報モラルが含まれることを示している（注1)。また、『小学校学習指導要領（平成29年告示）解説　総則編』では、第3章第3節1「(3) コンピュータ等や教材・教具の活用、コンピュータの基本的な操作やプログラミングの体験」の中で、

　　　情報モラルとは、「情報社会で適正な活動を行うための基になる
　　　考え方と態度」であり、具体的には、他者への影響を考え、人権、
　　　知的財産権など自他の権利を尊重し情報社会での行動に責任を持つ
　　　ことや犯罪被害を含む危険の回避など情報を正しく安全に利用でき
　　　ること、コンピュータなどの情報機器の使用による健康とのかかわ
　　　りを理解することなどである。

と示し、例として以下のような学習活動を通して情報モラルを確実に身に

付けさせる必要があるとしている（注2）。（波線は筆者。以下同様。）

・情報発信による他人や社会への影響について考えさせる学習活動
・ネットワーク上のルールやマナーを守ることの意味について考えさせる学習活動
・情報には自他の権利があることを考えさせる学習活動
・情報には誤ったものや危険なものがあることを考えさせる学習活動
・健康を害するような行動について考えさせる学習活動など

＊『小学校学習指導要領（平成29年告示）解説　総則編』より筆者が抜粋し作成。以下同様。

　学習活動上の重要なことや配慮としては、以下の記述がある（注3）。

・情報の収集、判断、処理、発信など情報を活用する各場面での情報モラルについて学習させることが重要
・情報技術やサービスの変化、児童のインターネットの使い方の変化に伴い、学校や教師はその実態や影響に係る最新の情報の入手に努め、それに基づいた適切な指導に配慮
・児童の発達段階に応じて、例えば、インターネット上に発信された情報は基本的に広く公開させる可能性がある、どこかに記録が残り完全に消し去ることはできないといった、情報や情報の特性についての理解に基づく情報モラルを身に付けさせ、将来の新たな機器やサービス、あるいは危険の出現にも適切に対応できるようにすることが重要
・情報モラルに関する指導は、道徳科や特別活動のみで実施するものではなく、各教科等との連携や、さらに生徒指導との連携も図りながら実施することが重要

　さらに、文部科学省は、「『令和の日本型学校教育』を担う教師の在り方

特別部会『教師に求められる資質能力の再整理』（資料2）資質能力の構造化の試案（イメージ）－資質能力の大枠－」（2021年8月中央教育審議会）の中で、大臣指針の7つの観点（便宜的に見出し化したもの）を5つの観点（大くくり化した資質能力の観点）として教師に求められる資質能力を以下のように再整理するとともに、ICTや情報・教育データの利活用等の内容も示している（注4）。

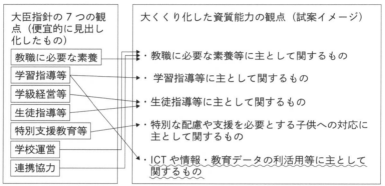

注として、左方と右方の対応関係は主なものをイメージとして記載したもので、左右両事項が完全に対応しているわけではない、としている。（上述の資料2を基に筆者作成。）

ICTや情報・教育データの利活用等の具体的な内容

・学校におけるICTの活用の意義を理解し、授業や校務等にICTを効果的に活用するとともに、児童生徒等の情報活用能力（情報モラルを含む。）を育成するための授業実践等を行うことができる。

・「個別最適な学び」と「協働的な学び」の実現に向け、児童生徒等の学習の改善を図るため、教育データを適切に活用することができる。

これらのICTや情報・教育データの利活用については、教師に求められる資質・能力として、今後更に重要度が増していることが理解できる。

一方、今後の加速度的に進む情報化にあって、「日々新しい問題が生ま

れ、不確実なことも多い複雑な社会でよりよく生きていくために必要となる思考が、**批判的思考である**」と平山氏（2021）は、小塩真司編著『非認知能力』の中で述べ、批判的思考について、以下のように示している（注5）。

> 基準に基づく客観的で偏りのない思考であり、人の揚げ足をとるための思考ではありません。「非難」と混同されることがあるが、デジタル大辞泉によると、「批判」の一番の意味は、「物事に検討を加えて、判定・評価すること」です。一方、「非難」の意味は、「人の欠点や過失などを取り上げて責めること」です。批判的思考による批判の対象は人ではなく物事であり、その目的は責めることではなく、検討した上で判定、評価することです。〔…〕エニスの「何を信じ、何を行うかの決定に焦点を当てた合理的で反省的な思考」という定義が、最も一般的に用いられています。

　私たちは溢れんばかりの情報の中で、右往左往するのではなく、多くの情報から、「何を選択するのか」、「なぜ、それを選択したのか」という自分の「何を」、「なぜ」の判断の根拠を得るために、批判的思考を培う必要がある。
　そして、「このような批判的思考は、メディアリテラシーや科学リテラシー、健康・リスクリテラシー、政治・経済リテラシーといった市民リテラシーや創造性を支える基盤となるもので、〔…〕市民としてよりよく生きていくために必要となるもの」であると平山氏は述べている（注6）。
　さらに、情報を集める際のバイアスについて、以下のように指摘している（注7）。

> 「正しく判断したい」と思っていても、思考過程でそれらのバイアスが生じてしまうと、思いがけない誤った判断をしてしまうこともあります。たとえば**確証バイアス**といって、自分の考えや態度と一

致した情報ばかり探そうとし、自分の考えに不一致な情報は見ようとしないという傾向があります。

　このような**確証バイアス**が生じると、多面的・多角的に考え検討することができないので、正確な判断どころか、深い学びにも至らないのである。しかし、その前に、そもそも思考・判断するための根拠として欠かせないのが情報なのだから、情報の何を取り入れるかは重要な問題と言えるのである。

　ある課題を解決するには、この課題と関わるあらゆる分野の情報を収集することから始める。次に、収集した情報から判断を可能にする根拠となる情報を取捨選択する。そして、選択された情報を基に、解決に向けた自分なりの具体策等を創造したりしていく。（あえて創造としたが、情報をそのまま活用するのではなく自分自身で考え抜き、創り上げていくということを強調したい。）ここで重要なことは、

・その課題自体も、どのような背景から出現しているのか
・収集する情報が「公正、公平」な視点からの選択になっているのか

という、二点であると考える。課題という根本の部分及び、それに関わる情報収集の際、**批判的思考**をもって吟味し見抜く力が、今後益々必要な資質・能力になると考える。根本に関わる真偽を誤った上での思考は、そもそも偽なのだから、偽についていくら思考を重ねたとしても本当の解決とはならないし、状況の悪化を増幅させてしまうことになる。つまり、自分に都合のよい、あるいは考えることを放棄した手軽に入手できる情報による右へ倣えの生き方では、自分主体の**自律的な「生き方」**を創っていくことはできないのである。

　批判的思考を伸ばすための研究は、内外問わず、対象も初等教育の段階から多く行われてきている。平山氏は、中学校で批判的思考の授業を行う

ことで、批判的思考態度がどのように獲得されていくかに関わる安藤・池田両氏（2012）による縦断的研究を以下のように紹介している（注8）。

- ・学習意欲が情報活用力を高め、それにより批判的思考態度が高められ、そして、コミュニケーション行動が高まることにつながるというプロセスが見られたこと。
- ・探求心を起点として、情報活用能力、学習意欲、探求心以外の批判的思考態度、コミュニケーション行動という順番で影響を与えていくプロセスが見られたこと
- ・探求心は、批判的思考態度とコミュニケーション行動それぞれに対して、直接に影響を与えることが示唆されている。

このように、学習意欲や探究心は、様々な批判的思考態度へ影響を与えていることを示している。さらに、教育の可能性として、平山氏は批判的思考教育における重要な点を以下のようにまとめ（＊執筆者が抜粋し作成。）ており、批判的思考力を育むことの重要性を理解できる（注9）。

批判的思考スキルや態度を授業において明示すること
　　批判的思考を育むことを目標の一つとする場合、明示的に批判的思考について示し、また授業カリキュラムと批判的思考の関連を整理し計画的に授業を構成し、幅広く学習者を観察することが重要
まずは教師が批判的思考についてよく理解すること
　　教師がモデルとなったり、ヒントを与え思考を促したり、学習者の発言について批判と非難とを区別し整理したり、批判的な発言をほめたりすることで学習者が安心して批判的発言ができるコミュニティを形成すること。また、批判的思考に関わる認識論的信念や権威主義的傾向の形成にも教師の影響が考えられること
教員研修や教員養成において、批判的思考教育を明示的に取り入れて

> いくこと
>
> 　教員養成を担う高等教育機関でも、担当する教師が批判的思考を理解し、自らの思考に自覚的になり、そして意図的に明示的に授業に組み込んでいくことが大切
>
> **その他の重要なこと**
>
> 　教室のみならず、学校全体、そして、社会全体が批判的なコミュニティであり、批判と非難を発信者も受信者も区別できる、批判的思考を発揮する人が損をしない社会の醸成が必要
>
> 　教師と学習者両方が、開かれた心で様々な情報を求める態度をもつこと

② 情報への向き合い方

　情報戦争と言われる世界的な流れの中で、新聞やテレビといったマスメディアやインターネット上の情報、さらに、ツイッターやフェイスブック、ユーチューブ等、個人的、公共的な情報を得る手段には事欠かない。しかし、そのどれにも、真実やフェイク、デマや陰謀論といった情報が混在している。そして、これらを通した社会的な差別や不公正な問題がたくさん露呈している状況を忘れてはならない。高度情報化社会を生きる私たちにとって、自分で思考・判断し、行動できる力を育むためには、批判的思考力を生かし根本を疑うことや確証バイアスにかかわる理解を深める等、これまで以上に明示的に推進していく必要がある。このような状況から、特に、情報社会の倫理や情報公開における真偽、法の理解と遵守、安全への知恵等に関わる内容については、意図的、計画的に、積極的かつ継続的に取り扱うことが喫緊の課題であると言える。

　『小学校学習指導要領（平成29年告示）解説 特別の教科 道徳編』においても、情報社会の倫理、法の理解と遵守といった内容を中心に取り扱うこと、そして、例えば、「親切、思いやり」、「礼儀」、「規則の尊重」等と

の関わりによる指導が考えられるとしている。このような高度情報社会で
適切な活動を行うための基になる考え方と態度は情報モラルであり、全教
育活動を通した道徳教育及び道徳科で、適切に実施されなければならない
ことは十分に理解できる。小学校でも高学年から、「公正、公平、社会正
義」や「規則の尊重」という内容項目との関わりで、しっかりと扱いたい
内容である。上述してきた、

・情報には誤ったものや危険なものがある
・児童のインターネットの使い方の変化
・確証バイアスといって、自分の考えや態度と一致した情報ばかり探
　そうとし、自分の考えに不一致な情報は見ようとしない

という実態に、どのように向き合うのか。日常生活との関りで**批判的思考**
を大切にした情報モラル教育は、児童生徒の情報活用能力を育む上で必要
不可欠であり、教師に求められる資質・能力として明示されたことの意義
の大きさを自覚しなければならない。次章では、「公正、公平、社会正義」
という内容項目を窓口に、児童が簡単に得ることのできる多様な情報（情
報メディアの特質とも言えるインターネット等における誹謗中傷、フェイ
ク、陰謀論等まかり通る）から真実を見抜き、また、確証バイアスに捉わ
れないために、批判的思考力を働かせ考えさせる検索エンジン等の活用に
関わる大切な3つの視点（4例）を取り上げる。

注記

注1　文部科学省『小学校学習指導要領（平成29年度告示）』2018年、19頁
注2　文部科学省『小学校学習指導要領解説（平成29年度告示）総則編』2018年、86頁
注3　同『小学校学習指導要領解説（平成29年度告示）総則編』86-87頁
注4　中央教育審議会「『令和の日本型学校教育』を担う教師の在り方特別部会『教師に求められる資質能力の再整理』（資料2）資質能力の構造化の試案（イメージ）─資質能力の大枠─」2021年、14、23頁
注5　平山るみ「5章　批判的思考」　小塩真司編著『非認知能力』北大路書房、2021年、83-84頁
注6　同『非認知能力』84頁
注7　同『非認知能力』84頁
注8　同『非認知能力』92-93頁、安藤玲子・池田まさみ「批判的思考態度の獲得プロセスの検討─中学生の4波パネルにおける因果分析から─」2012年、認知科学、19、83-99頁
注9　同『非認知能力』97-99頁

参考文献

1　文部科学省『小学校学習指導要領解説（平成29年度告示）総則編』
2　文部科学省『小が校学習指導要領解説（平成29年度告示）特別の教科 道徳編』2018年
3　中央教育審議会「『令和の日本型学校教育』を担う教師の在り方特別部会『教師に求められる資質能力の再整理』（資料2）資質能力の構造化の試案（イメージ）─資質能力の大枠─」2021年
4　小塩真司著『非認知能力』北大路書房、2021年
5　吉田武男監修、田中マリア編著『道徳教育』ミネルヴァ書房、2018年
6　西野真由美編著『新訂道徳教育の理念と実践』放送大学教育振興会、2020年

第 **9** 章

検索エンジン等の活用に
関わる実践上の視点

1 検索エンジン1種類のみ活用

〈視点1〉　**自分が望む情報のみに偏っていないか**

　道徳科の時間の他に、他教科との関連を図りながら道徳教育としての充実も期待したい。学生に聞くと、「情報を得る手段として一番多いものは、もちろんスマホの活用である。」という回答を得た。次に、使用している検索エンジンについて聞いたところ、多く活用している順に、1位 Google、2位 Yahoo!、3位が Bing であった。この上位3つは、日本で行われている各種の検索エンジンのシェア率調査の結果と一致している。（Google が約7〜8割を占めている、2022年時点）そこで、情報社会を生きる子どもたちに、自分の**生き方**を創る上で、特に考えさせたい3視点（例としては4つ）を順に示す。

　まずは、検索エンジンがそもそも Google や Yahoo! 等の限られたもの（一般的にシェア率の高い検索エンジンを活用）しか知らない、あるいは複数あると知っていも一つの検索エンジンのみで検索し情報収集している場合。（図1）A、B、C、D は、Google や Yahoo! 等の検索エンジンを示す。

　このような検索エンジンの使い方による情報収集の問題点は、何であろうか。実際に PC を活用しながら自分の検索の仕方を振り返るとともに、対話を通して考えさせる。いつも検索エンジン A しか活用していない場合、検索ワードを打ち込み、その結果の見出し（あ、い、う、え、お……たくさん出てくる。）が出てくるが、おおかた、上から順にクリックし読み進めたり、初めに選び読んだもの、あるいは、この中で自分のお目当て

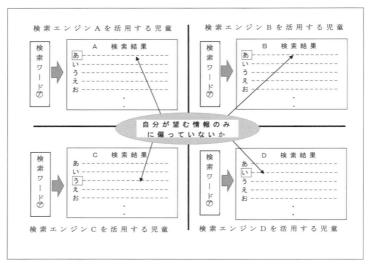

図1　いつも検索エンジン1種類のみを活用

の情報（例えば、お目当てが い や う ）に飛びついたりしていないだろうか（確証バイアス）。このような事例を基に、「公正、公平」な情報選択について考えさせる。

2 検索エンジン2種類活用

（1）　シェア率の高い検索エンジンを活用

〈視点2〉　検索結果の違いに目が向けられているか

　1人が2つの検索エンジン（シェア率の高い）を活用して情報収集するが、細かく見ると、検索結果に違いがある場合の情報収集の仕方。（図2）

　検索結果の見出し（あ〜え）は同じであるが、検索エンジンAとBを活用している児童の場合（図2の上段）では、検索エンジンAでは お 、検索エンジンBでは か という違う見出しや情報があり、検索エンジンAとCを活用している児童の場合（図2の下段）では、見出しの中で検索

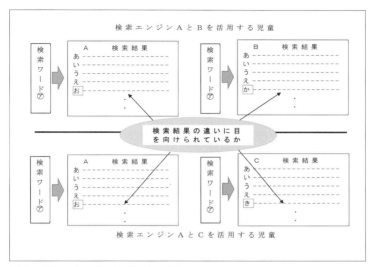

図2　検索エンジン2種類を活用

エンジンＡでは お、検索エンジンＣでは き という違う見出しや情報がある。この お や か、 き に目が向けられているのかどうか、実際にPCを活用しながら自分の検索の仕方を振り返るとともに、対話を通してその見出しの情報の違いを「公正、公平」という道徳的価値から、どう受け止めるのかを考えさせる。

(2) シェア率が高いものと低いものを活用

〈視点3〉　検索エンジンの特徴を理解し、一方の検索エンジンと異なる見出しに目が向いているか

　シェア率の高い検索エンジンと低い検索エンジンを併用している児童は少ないと考えられるが、「検索エンジン」というワードを入力し出てくる検索エンジンには多数あり、調べてみるとそれぞれ特徴をもっている。その検索エンジンの特徴を理解した上で活用する場合。（図3）

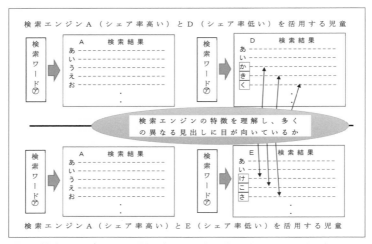

図3　検索エンジンが２種類（シェア率が高いものと低いもの）を活用

　検索エンジンには様々あり、その特徴を理解した上で、一方の検索エンジンには出てこない見出しの情報（か、き、く、や、け、こ、さ）にも目を向け、違いについて対話を通して考えさせる。特に、シェア率の高い、あるいは、低い検索エンジンに出てくるものが、真実の情報なのか、それとも偽の情報なのかについて更に調べていくことで、「公正、公平、社会正義」という道徳的価値から、真実を追求することの大切さについて考えさせる。

3 検索エンジンのみならず、ツイッターやユーチューブ等を活用

〈視点４〉　情報を得る手段として様々なものを活用する際の前提を意識できているか

　情報を得る手段として、インターネット上で検索する以外に、ツイッターやユーチューブ、フェイスブック等からも情報収集する場合。（図４）

　検索エンジンを活用し情報を得ることは、今や常識であるが、ツイッターやユーチューブ、フェイスブック等に挙げられている情報が、時にリアル

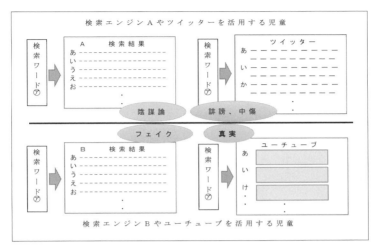

図４　検索エンジンのみならず、ツイッターやユーチューブを活用

タイムで早い場合も多々ある。どの手段を使おうとも、それらの情報の中には、**フェイクと言われる偽情報や誹謗中傷、陰謀論と呼ばれる情報、そして真実が混在**している。つまり、様々な危険性があるという**その前提**で、情報を収集し、自分自身で情報の「公正、公平、社会正義」や「善悪」の判断のためには、そこからの真実追求が欠かせないのである。ここでは、批判的思考による比較の繰り返しが必要となる。併せて、新聞やテレビ、ラジオ、時に各種広告等を含め、情報の取り扱い方も含めた、「公正、公平、社会正義」、「規則の尊重」という道徳的価値から対話を通し学ばせる。

　これからの情報社会を生きていくためには、上述のような視点を基に、教師が児童の発達段階に応じて、具体的な教材を活用したり自作したりしながら、道徳科をはじめ、関連する各教科等における道徳教育を通して多様な授業を実践していく必要がある。「公正・公平、社会正義」や「規則の尊重」、「善悪の判断」といった道徳的価値から考える情報モラル教育は、情報戦争と言われる時代を子ども一人一人がどのように生き抜いていくのか、つまり、**自律的な「生き方」を創る**上で大変重要な取組と言える。

V

自律的な「生き方」を創る道徳科の評価

第 **10** 章

道徳科学習評価の考え方や
方法と留意点

① 道徳科の学習評価の考え方と方法

（1）学習評価上の課題

　学校現場から、評価に関わる様々な課題や不安を聞くことがよくある。特に、

○道徳科の授業に、評価をどのように位置付け、そして、どのように児童の学習状況を見取るのか
○道徳科のノートやワークシート等への記述による記録としての蓄積はあるが、多くの記録からどのように児童の成長の様子を見取るのか
○また、見取ったことの記述（通知表等への記述）が、児童の学びの変容を的確に伝えることができているのだろうか

というものであった。

　もちろん、課題や不安は色々あると考えるが、『小学校学習指導要領（平成 29 年告示）解説　特別の教科　道徳編』（以下、『解説道徳編』と表記）第 5 章 第 1 節で述べられている、道徳科における評価の意義としての、「児童の学習状況や道徳性に係る成長を継続的に把握し、<u>指導に生かすよう努める必要がある</u>」（注 1）ということを忘れてはならない。（波線は筆者。以下同様。）

(2) 学習評価の意義と基本的な考え方

　道徳科の児童の評価の意義や基本的な考え方については、『解説道徳編』第5章で示されているものを確認しておく（注2）。

・数値などによって不用意に評価しないこと
・個々の内容項目ごとではなく、大くくりなまとまり（時間的経過と学習や内容項目の全体で突出したところ）を踏まえた評価とすること
・他の児童との比較による評価ではなく、児童がいかに成長したかを積極的に受け止めて認め、励ます個人内評価として記述式で行うこと
・学習活動において児童が一面的な見方から多面的・多角的な見方へと発展しているか、道徳的価値の理解を自分自身との関わりの中で深めているかといった点を重視すること
・発達障害等のある児童や、海外から帰国した児童や外国人の児童等、日本語習得に困難のある児童等の抱える学習上の「困難さの状況」に応じた指導及び評価上の配慮を行うこと
・調査書には記載せず、入学選抜の合否判定に活用することのないようにすること　　　　　　　　　　　　　　　　　　　　　　　など

　ここでは、（1）で挙げた3つの課題や不安の解決に向け、今一度"道徳科の目標に戻る"ことにより道徳科の特質を理解し、児童が自らの成長を実感し意欲の向上につなげ、**自律的な「生き方」を創る**ことができるような評価の在り方について、通知表への記述の仕方や留意点も含め述べる。

(3) 道徳性を養う学習評価の方法

　全教育活動を通じた道徳教育も道徳科の時間もその目標は、**道徳性を養**うことである。道徳科については、『解説道徳編』第2章 第2節において、以下のように述べている（注3）。

　「道徳科以外における道徳教育と密接な関連を図りながら、計画
的、発展的な指導によってこれを補ったり、深めたり、相互の関連
を考えて発展させ、統合させたりすることで、道徳的諸価値につい
ての理解①を基に、自己を見つめ②、物事を多面的・多角的に考え③、
自己の生き方についての考えを深める④学習を通して、道徳性を養
うことが目標として挙げられている。」

つまり、道徳性を養う上では、

---

①道徳的諸価値について理解する
②自己を見つめる（自己理解）
③物事を多面的・多角的に考える
④自己の生き方についての考えを深める

　学習を関連させながら進めていくことが、重要であり、そこで、上述し
た『解説道徳編』の「児童の学習状況や道徳性に係る成長の様子を継続的
に把握し、指導に生かすよう努める必要がある。ただし、数値などによる
評価は行わないものとする。」（注4）ことを大切にするのである。
　したがって、児童の学習状況とは、上記①～④の学習における状況、児
童の姿（発言や様々な記述等から、どのように学んでいるのか）のことで
あり、そこに評価を位置付けることとなる。
　道徳性に係る成長の様子とは、道徳性の成長そのものではなく、道徳性
を養うことに**つながる**学習の状況（よさや成長の様子）のことであり、そ
れらを一定のまとまり（年間や学期といった一定の時間的なまとまり）の
なかで、つまり、継続的、長期的に把握するということである。
　このような考え方から、「学習状況や道徳性に係る成長の様子」を観点
別評価ではなく、個人内評価として丁寧に見取り記述で表現する（顕著と
認められる具体的な状況等について記述による評価を行う。）こととして

いる。

　国立教育政策研究所の西野真由美氏（2020）は、『新訂 道徳教育の理念と実践』のなかで、道徳科における個人内評価について次のように述べている（注5）。

　　　「個人内評価とは、子ども一人ひとりのよい点や進歩、成長を見取る評価である。集団内で比較したり、共通の到達目標の実現状況を判定したりするのではなく、その子どもが以前の状況に比べてどう変わったかに注目する。子どもの［外］に規準や尺度を設定せず、本人の姿に着目しその子どもの過去の姿に照らして何が成長したか、その子ども自身のなかで特に優れた点は何かなど、成長やよさを捉える評価である。」

　つまり、児童の人格そのものに働きかけ、道徳性を養うことを目的としているで、道徳性を、到達目標の実現状況を判定するための「観点」を基に見取るのではなく、学びの姿（どれだけ成長したのか）の「視点」を基に見取ることとしているのである。

　評価（見取り）の具体例としては、観察や会話、質問紙等の他、道徳ノートやワークシート等の学習の記録を計画的にファイルに蓄積したものを評価（ポートフォリオによる評価）したり、問題場面をパフォーマンス課題と設定して評価（パフォーマンスによる評価）したり、エピソードを累積したものを活用し評価（エピソード記述による評価）したりする方法等がある。

　また、『解説道徳編』第5章 第2節では、子どもが行う「自己評価や相互評価」を生かしたりすることや、評価の推進に当たっては、「組織的・計画的」に進めたりすることの重要性について述べている（注6）。

　さらに、「発達障害等のある児童」や「海外から帰国した児童」、「日本語習得に困難がある児童等に対する配慮（それぞれの学習過程で考えられ

る「困難さの状況」をしっかりと把握した上での必要な配慮）」を踏まえ、指導上の工夫を図るとともに、「丁寧に見取ることが求められ」ており、「より配慮した対応」の必要性について述べている（注7）。

　児童の学習状況における**評価の視点**とは何か。それは、上記①〜④の学習をしっかりと行い、その学習における取組状況、児童の姿を通して道徳性を養うということから、自ずと見えてくる（注8）。つまり、**"目標に戻る"**のである。具体的には、

①道徳的諸価値について理解する（深める）こと ┐
②自己を見つめる（自己理解）こと
③（他者との対話や協働を通して）物事を　　　　├ が、できたのか
　多面的・多角的に考えること
④自己の生き方についての考えを深めること　　 ┘

という視点である。以下、『解説道徳編』第2章 第2節を基に、一つずつ述べる（注9）。

①**道徳的諸価値**について**理解すること**（深めること）ができたのか

　児童が、今後、様々な問題場面に出会った際に、その状況に応じて自己の生き方を考え、主体的な判断に基づいて道徳的実践を行うためには、道徳的価値の意義及びその大切さの理解が必要になる。そのためには、
・内容項目を、人間としてよりよく生きる上で大切なことであると理解すること（価値理解）
・道徳的価値は大切であっても実現することができないこと（人間の弱さ）もあると理解すること（人間理解）
・道徳的価値を実現したり、できなかったりする場合の感じ方や考え方（学んだことの捉え方）は、人によって違うこともあると理解すること（他者理解）

のできる学習を通して、その状況を見取るのである。

②自己を見つめること（自己理解）ができたのか

　道徳的価値の理解を図るには、児童一人一人が①の価値理解、人間理解、他者理解を自分との関わりで捉え、自分のこととして感じ考えることが重要である。そして、自己を見つめるとは、自分との関わりで、更に考えを深めていくことである。そのためには、

・これまでの自分の経験やそのときの考え方、感じ方と照らし合わせながら、深く考えること

・自らを振り返って成長を実感したり、これからの課題や目標を見つけたりすること

のできる学習を通して、その状況を見取るのである。

＊道徳的価値の理解を自分自身との関わりの中で深めているかどうかという点について、『解説道徳編』第5章第2節では、具体的に、

　・読み物教材の登場人物を自分に置き換えて考え、自分なりに具体的にイメージして理解しようとしていることに着目する

　・現在の自分を振り返り、自らの行動や考えを見直していることがうかがえる部分に着目する

　・道徳的な問題に対して自己の取り得る行動を他者と議論する中で、道徳的価値の理解を更に深めている

　・道徳的価値を実現することの難しさを自分のこととして捉え、考えようとしている

　という視点を例として挙げている（注10）。

---

③物事を多面的・多角的に考えること（他者との対話や協働を通して）ができたのか

　道徳性を養うためには、児童が多様な感じ方や考え方に接することが大

切であり、多様な価値観の存在を前提にして、他者と対話したり協働したりしながら、物事を多面的・多角的に考える必要がある。そのために、

・物事を一面的に捉えるのではなく、児童自らが道徳的価値の理解を基に考え、様々な視点から物事を理解し、主体的に取り組むこと

・発達の段階に応じて二つの概念が互いに矛盾、対立しているという二項対立の物事を扱うこと

・自己や社会の未来に夢や希望がもてること

などの学習を通して、その状況を見取るのである。

> ＊一面的な見方から多面的・多角的な見方へと発展させているかどうかについて、『解説道徳編』第5章第2節では、具体的に、
> ・道徳的価値に関わる問題に対する判断の根拠やその時の心情を様々な視点から捉え考えようとしていること
> ・自分と違う意見や立場を理解しようとしていること
> ・複数の道徳的価値の対立が生じる場面において取り得る行動を多面的・多角的に考えようとしていること
> を発言や感想文、質問紙の記述等から見取るという方法が考えられるとして、挙げている。(注11)

④自己の生き方についての考えを深めることができたのか

　児童が自己の**生き方**についての考えを深めるためには、道徳的価値の理解を自分との関わりで深めたり、自分自身の体験やそれに伴う感じ方や考え方などを確かに想起したりすることができるようにするなど、そのことを強く意識させることが重要である。そのために、

・道徳的価値に関わる事象を自分自身の問題として受け止められるようにすること

・他者の多様な感じ方や考え方に触れることで身近な集団の中で自分の特徴を知り、伸ばしたい自己を深く見つめられるようにすること

・これからの**生き方**の課題を考え、それを自己の**生き方**として実現してい

こうとする思いや願いを深めることができるようにすること

などの学習を通して、その状況を見取るのである。

　道徳科における児童の学習状況やその見取りについて、目標から見てき
たが、上述①〜④の学習が、相互に関連し合いながら進められ、児童が
様々な学びの姿を見せるということに留意する必要がある。

　つまり、道徳科の目標「〜よりよく生きるための基盤となる道徳性を養
うため、道徳的諸価値についての理解を基に、自己を見つめ、物事を多面
的・多角的に考え、自己の**生き方**についての考えを深める学習を通して
〜。」からも分かるように、児童は、道徳的諸価値についての理解を基に
自己を見つめたり、道徳的諸価値についての理解を基に物事を多面的・多
角的に考えたり、同時に自己の**生き方**についての考えを深めたりもするか
らである。このような**留意点**を基に、児童一人一人の学習意欲の向上や**自
律的な「生き方」**につながる評価の工夫に努める必要がある。

2 通知表への記述と留意点

（1）道徳性に係る成長の様子の記述

　通知表への記述についても触れておく。保護者や児童が読む通知表に、
継続的に見取った児童の道徳性に係る成長の様子をどのように記述するの
か。例えば、以下のような記述が、考えられる。

・授業での学びを自分の生活にも生かしていきたいという気持ちを強
　くもつことができるようになってきました。例えば（特に）、教材
　「○○○」では〜。
・これまでの学習についてノートやワークシートに記述したことを振
　り返り、〜に気付くことができていました。（〜は価値内容に関わ
　ること等）

・--- から〜というように、客観的に自分を見つめることができるようになってきました。（--- は例えば、自己中心的な考えの記述内容、〜は、例えば、周りのことを考えた記述内容）

・見える行動により判断することから、なぜ、そのような行動を取ったのかという動機（理由）を大切にして判断している様子が見られました。例えば〜。（〜は、大くくりなまとまりの中でも突出した部分等）

・--- することが大切であるという考えをもつだけでなく、自分でできることは何かを考え行いたいことを具体的に記述していました。例えば、〜。（--- は、内容項目に関わる理解の記述、〜は、大くくりなまとまりを踏まえた進歩の状況の記述）

・〜について３回学習してきましたが、１回目の自分のノートの記述を振り返り、２回目、３回目では --- のように考えが変わってきたことを記述し、今後……していきたいという思いを強くしていました。（〜は重点化を図り複数回取り組んだ内容項目、--- は内容項目の重要性の根拠の記述、……は自分自身の行動についての記述）

(2) 通知表へ記述する際の留意点

　最後に、見取ったことを保護者や児童が読む通知表に記述する際の留意点（不適切な記述）について、述べる。記述上の留意点については、これまで多数の関係雑誌や書籍等でも書かれており、既に先生方の理解も進んでいることと考えるが、ここでは、私の現場での経験や調査等も踏まえて（重なる点も多いが）、不適切と考えられる記述の例について整理しておく。

①学習の大くくりなまとまりでない一部分の記述

・はじめから、教材「○○○」〜では……。（それのみ。大くくりなまとまりの中の特徴的なことの記述はよい）

②道徳性の諸様相を記述

・〜道徳的な判断力が高まってきました。

・〜道徳的な心情（態度）が育ってきました。

③児童の性格についての記述

・〜と考えられるようになり性格もしっかりしてきました。

・〜と発言するなど性格が明るくなってきました。

④どの教科でも言えるような記述

・毎時間の意欲的な発言から、積極的に授業に参加している様子がわかります。

・気持ちや考えの変化を読み取り、ワークシートにもしっかりと書いていました。

⑤各教科の学習以外での記述（特に、学校行事や休み時間等）

・児童会活動では、道徳科で学んだことを生かして〜することができていました。

・遠足の時みんなで協力して遊んだり〜、使った道具を片付けたりして〜。

⑥道徳に関わる専門的な用語による記述

・道徳的価値の内面的自覚を図って〜。

・登場人物に自我関与し〜。

・〜を扱った教材では、役割演技を通して〜。

⑦漠然としており説明がない（説得力や理由のない）記述

・相手を思いやることのできなかった経験を生かし〜。

・きっと〜だと思います。

⑧狭い理解に基づく記述

・困っている人がいたら、いつも助けてあげるということを学び〜。

⑨意欲がなくなるような記述

・今までは人の嫌がることをしてしまうこともあったのですが〜。

・自分の考えを発言することは少ないですが、ワークシートには〜。

道徳科の評価は、児童一人一人のよさを認め、道徳性に係る成長を見守

り、励ますものであることが大切である。そして、児童一人一人が成長を実感し、意欲的に自分の「**生き方**」を考えられる評価にすることである。

注記

注1　文部科学省『小学校学習指導要領（平成29年度告示）特別の教科　道徳編』2018年、107頁
注2　同『小学校学習指導要領（平成29年度告示）特別の教科　道徳編』108-114頁
注3　同『小学校学習指導要領（平成29年度告示）特別の教科　道徳編』16頁
注4　同『小学校学習指導要領（平成29年度告示）特別の教科　道徳編』107頁
注5　西野真由美『新訂　道徳教育の理念と実践』放送大学教育振興会、2020年、243頁
注6　文部科学省『小学校学習指導要領（平成29年度告示）特別の教科　道徳編』2018年、112-113頁
注7　同『小学校学習指導要領（平成29年度告示）特別の教科　道徳編』113-114頁
注8　文部科学省通知「『学習指導要領の一部改正に伴う小学校、中学校及び特別支援学校小学部・中学部における児童生徒の学習評価及び指導要録の改善等について』の１道徳科の学習評価に関する基本的な考え方について②」2016年
注9　文部科学省『小学校学習指導要領（平成29年度告示）特別の教科　道徳編』2018年、17-20頁
注10　同『小学校学習指導要領（平成29年度告示）特別の教科　道徳編』111頁
注11　同『小学校学習指導要領（平成29年度告示）特別の教科　道徳編』111頁

参考文献

1　栂澤実「道徳理論編　道徳科の目標に戻る」『3観点の評価理論と実践　教室の窓　北海道版 Vol.28』東京書籍、2021年、16-19頁
2　西野真由美『新訂　道徳教育の理念と実践』放送大学教育振興会、2020年
3　文部科学省通知「『学習指導要領の一部改正に伴う小学校、中学校及び特別支援学校小学部・中学部における児童生徒の学習評価及び指導要録の改善等について』2016年
4　文部科学省『小学校学習指導要領（平成29年告示）解説総則編』2018年
5　文部科学省『小学校学習指導要領（平成29年告示）解説　特別の教科　道徳編』2018年

第 11 章

評価の位置付けと
見取る成長の様子

1 評価の位置付けと見取り

　第 10 章で述べた道徳科の **"目標に戻る"** ことを踏まえた竹内充人先生による小学 6 年の取組を紹介する。(注 1)
　特に、評価を行う上で課題となっている
○道徳科の授業に、評価をどのように位置付け、そして、どのように児童の学習状況を見取るのか
○道徳科のノートやワークシート等への記述による記録としての蓄積はあるが、多くの記録からどのように児童の成長の様子を見取るのか
の 2 点についての取組例である。

(1) 評価の位置付けと、その見取り
　第 10 章 **1** の (3) で説明した通り、道徳性を養うためには、授業の中で、

---

①道徳的諸価値について理解する
②自己を見つめる（自己理解）
③物事を多面的・多角的に考える
④自己の生き方についての考えを深める

学習を関連させながら進めていくことが、重要である。
　つまり、取り扱う内容項目（道徳的価値）や教材によって、①～④の学習の関連を考え授業を展開していくことで、児童の深い学びを実現すると

　ともに、視点をもって学習状況を見取ることが可能になる。

　この授業は、内容項目「善悪の判断、自律、自由と責任（A（1））」を扱った実践である。授業展開については、図1（164-165頁）を参照のこと。（③物事を多面的・多角的に考えることで、①道徳的諸価値について理解を深めたり、②自己を見つめる（自己理解）ことにつなげたりする授業である。）

　本時は、児童が「自由と自分勝手の違いに着目し、自由に伴う責任について様々な視点から考えることにより、自らの自律的で責任のある行動についてのよさや大切さの理解を深めるとともに、自他の自由を尊重し責任ある行動について自律的に判断する力を育てる。」ことをねらいとした授業である。

ア　多面的・多角的に考える（上記③）

　展開の前段で教材文を読み内容を把握した後、「消灯後に他の人の迷惑にならないように友達と話すことが自由な行動か、自分勝手な行動か」を児童に考えさせている。最初の判断では、自由だと考える児童が、大半を占めた。そこで、多面的・多角的に考えることができるように、次のような順で話し合いを行っている。

1　隣同士でペアを組み、「自由」と「自分勝手」の立場に分かれて話し合いを行う。
2　2組を指名し教室の前面で1組ずつ①と同様の話し合いを行う。
3　聞いていた児童が、気付きの交流を行う。
4　立場を交代して、1〜3を行う。

　このような立場を変えて話し合うことにより、多くの児童から、「自由だと考え、自分では迷惑をかけていないつもりで行動したとしても、周囲の捉え方によっては自分勝手だと見られてしまうこともある。」などの発言があり、多様な視点からの気付きにつながっている。

イ 道徳的価値について理解を深める（上記①）

　展開前段の立場を交代して話し合ったり、友達の様々な考えに触れ気付きを交流したりしたことを踏まえて、次に、「自由」と「自分勝手」の違いについて話し合うことにより、「自由」（道徳的価値）について理解を深めている。その結果、「自由」に対する考えに変化が見られた。以下、児童の発言やノートへの記述内容を一部紹介する。

・自由に行動するためには責任があり、他人に迷惑をかけたときは、その責任をとらなければならない。
・自分勝手とは、自己中心的な行動のことだとわかった。
・どんなに自由にしようとしても最後には法律がある。だから、そういう意味で"本当の自由"はこの世にあるのだろうか。

　このような発言やノートへの記述内容は、児童が、話し合いを基に多面的・多角的に考え、道徳的価値についての理解を深めた結果であると考える。特に、"本当の自由"という言葉からは、普段何気なく口にしている自由とは異なる、広い視野からの気付き（更なる問い）であると考えられる。

ウ 自己を見つめる（上記②）

　展開後段では、これまでの学習を基に、内容項目に関わる過去の自分の経験やそのときの考え方と照らし合わせながら振り返り、自己を見つめさせている。過去の出来事とその時の行動を結び付けることができない児童については、他の児童の発表を聞いて同様の行動を自分もしたことがあるなどと、共感を基に考えさせている。児童の発言からは、

・修学旅行の自主研修でお土産屋に行ったとき、欲しいお土産がたくさんあり、長時間見ていて迷惑をかけた。他のメンバーもお土産をずっと見ていると思った。
・自分から「サッカーをしたい」と友達に言って遊び始めたけれど、ケンカになり、友達はサッカーをやりたくなかったと後から知りショックだった。
・おばあちゃんと買い物に行って、「なんでも好きなものを買ってあげ

　　る」と言われて、とても高いものをおねだりしてしまった。今思うと
　　自分勝手だった。

などの発言があった。この発言内容からは、教材の内容との関わりで自分
のことを振り返ったり、自らの行動や考えを見直したり、道徳的価値を実
現することの難しさを自分のこととして捉えたりした結果であると考える。

　以上、上述の①～③（158頁の波線）を関連させた一単位時間の授業実
践を紹介したが、もちろん、道徳性を養うためには、その他にも上述①～
④（157頁）の学習を様々に関連させた授業の継続が、欠かせない。評価
は指導に生かすものであり、指導は評価することで次の授業改善につなげ
ることができる。そこで、見取りの視点を大切にした授業実践を積み重ね、
見取りの継続（蓄積）により、児童の学習状況（学びの深まり）や成長の
様子を評価する。そして、児童が自分自身を見つめ、考えることで新たな
「生き方」を創っていくことのできる指導につなげていく必要がある。

❷ 記録の蓄積から見取る成長の様子

　ワークシートや道徳ノートの学習の記録、教師による児童のエピソード
に関する記述等を蓄積したものから、どのように児童の道徳性に係る成長
の様子を見取り評価していくのかについて、実践例を紹介する。（ここで
は、道徳ノートの学習の記録からの例である）

（1）多面的・多角的に考えることで、道徳的価値についての理
　　　解を深めている様子を評価する

　児童Ａは、内容項目に関わる考え方について、授業の発言記録やノー
トへの記述から、友達との交流による新たな（他の視点からの）気付きが
顕著であった。つまり、授業を通して様々な考えに触れることで、多面
的・多角的な視点で道徳的価値についての理解を深めていたと見取ること
ができたのである。（以下は、児童Ａの道徳ノートからの一部抜粋）

○月○日
　自由とは、マナーを守り、他人のことを考えながら楽しむことである。[A(1) 善悪の判断、自律、自由と責任]

△月△日
　感謝とは、他人にありがたいことをしてもらったときに、しっかりと感謝の気持ちを伝えるまでのことをいうのだと思う。[B(8) 感謝]

□月□日
　誠実とは、様々な視点から考えると「それは誠実だ」「それは誠実とは言えない」という２つの真逆の意見があることが分かった。本当の誠実とは、自分は今のところ、「嘘がない心」のことと考えるが、どんなことなのだろうか。これからも考えていきたい。[A(2) 正直、誠実]

【評価】
　話し合いの中で友だちの考えを聞き、新しい物事の見方に気づくことができました。特に、「誠実」の学習では、どんな誠実な行動にも賛否両方の意見があるから、本当の誠実とはどんなことなのか、更に考えを深めようとしていました。

(2) 道徳的価値との関わりで自己を見つめる（自己理解）ことで、人間理解を深めている様子を評価する

　児童Bは、本時で扱う価値の大切さを考えるだけでなく、自己を見つめることで、時にはその価値を行動に移すのが難しいことであるという人間理解を深めていたと見取ることができたのである。（以下は、児童Bの道徳ノートからの一部抜粋）

●月○日
　今まであいさつをするときは、顔を見ていないことがあったけど、今までよりも気持ちの良いあいさつができるようにしたい。[B(9)　礼儀]

▲月△日
　自分たちが思っている「当たり前」が環境を壊す原因になっているのかもしれないから、間違った当たり前を減らす努力をしたい。[D(20)　自然愛護]

■月□日
　今日の授業でどんなことがあってもプラスに考えたら、生き方が充実することがよく分かった。でも、とても悲しい出来事が起きたり、取り返しのつかない失敗をしてしまったりした時に、主人公と同じように考えられるかと言えばまだ難しいと思う。同じように、周りの人がそういう時に、どうやって励ましたらよいのか考えていきたい。[D(22)　よりよく生きる喜び]

【評価】
　今の自分自身を見つめて、できることと、大切でもできないことが何なのかを考えていました。特に、教材「○○○○」で、よりよく生きる喜びについて考える学習では、何事もプラスに考える良さを理解するだけでなく、時には前向きに考えることが困難なこともあるという正直な気持ちも書いていました。その上で、今後どのように行動したらよいのかと前向きに考えていました。

（3）道徳的価値の理解を基に自己の生き方についての考えを深めている様子を評価する

　児童Ｃは、道徳的価値に関わる事象を自分自身の問題として受け止め、これからの「**生き方**」の課題を考え、それを自己の「**生き方**」として実現していこうとする思いを深めていたと見ることができたのである。（以下は、児童Ｃの道徳ノートからの一部抜粋）

☆月☆日
　自分も遠藤さん（教材文で扱った人物）のように、努力をしたり、前向きになって何事も一生懸命がんばりたい。[A(4) 個性の伸長]

◇月◇日
　私は、感謝とは、相手に「ありがとう」と伝えることだと思う。これからは、もっと感謝しようと思う。[B(8) 感謝]

❖月❖日
　ある言葉を言っても大丈夫な人（傷つかない）と、言ったらだめな人（傷ついてしまう）がいる。これからは、使ってもいい言葉やだめな言葉を相手の身になって考え、相手を思いやることが大切だと思う。[B(10) 友情、信頼]

◎月◎日
　権利を主張するときに気を付けることは、素直に話して感情的にならないことが大切だと考えた。[C(12) 規則の尊重]

【評価】
　教材文の登場人物の生き方に自分を重ねて考え、今後実践したい行動をより具体的に書いていました。特に、「友情」の大切さについて考える学習では、同じ言葉を使っても心が傷つく人がいるから、相手の立場に立って声をかける必要があると、相手を思いやることの大切さについて考えることができていました。

　他の教科と同様、道徳科の評価も大変重要である。児童の道徳性に係る実態を踏まえ、ねらいを基に授業を行うのであるから、継続した評価により成果と課題を検証し、次の授業に向けてステップアップを図ることが大切である。

第6学年　道徳科学習指導案

主題名	教材名
自律的な生活	「修学旅行の夜」（東京書籍） 「善悪の判断、自律、自由と責任」（A(1)）

教材について

　修学旅行の消灯後も騒いでしまうという問題を取り上げ、「自由」と「責任」との関わりから自律的な生き方について考える教材である。夕食後の話題で「自由にしたい」と言いながらも、「できるだけ静かに寝よう」ということになった。消灯後、次第に楽しい気分になり、まくら合戦になってしまう。そこへ至るまでの班長の心の動き、先生の言葉、その後のみんなの様子など、身近で現実的な出来事を通して、ねらいに迫る。

本時のねらい

　自由と自分勝手の違いに着目し、自由に伴う責任について様々な視点から考えることにより、自らの自律的で責任のある行動についてのよさや大切さの理解を深めるとともに、自他の自由を尊重し責任ある行動について自律的に判断する力を育てる。

本時の展開

	主な学習活動 （○発問　◎中心的な発問　・児童の反応）	■留意点　□評価 （＊方法）
導入	1.　問題意識をもつ ○「自由」とは、どのようなことを言うのでしょうか。 ・自分のやりたいことをやりたい時にする。 ・周りの目を気にしないで行動する。 2.　課題把握 「自由」と「自分勝手」の違いについて考えよう。	■本時でねらいとする価値へ方向付ける。 ・「自由」について、自分の考えを話す。
展開前段	3.　教材文を読み、話し合い考える ○修学旅行の夜に他人に迷惑をかけないようにおしゃべりをすることは、「自由」と「自分勝手」のどちらにあたりますか。「自由」と「自分勝手」の立場に分かれて、話し合いをしよう。 【自由】 ・他の人には迷惑をかけないのだから、自由。 ・特別な行事だし、みんなやりたいと思っているから。　　　　　　　　　　　　　　　　など	■立場を明確にして話し合う。 ・最初に自分の判断をする。 ③多面的・多角的に考える

展開前段	【自分勝手】 ・おしゃべりをしている人の中にも静かに寝たいと思っている人がいるかもしれない。 ・修学旅行のルールに反しているし、どんなに気を付けても迷惑はかけることになってしまう。 　　　　　　　　　　　　　　　　　　　　など ○自分が正しいと考える立場を判断し、理由を話そう。 　　　　　　①価値について理解する ◎自由と自分勝手の違いとは、何だろうか。 ・他人に迷惑をかけないで好きなことをするのが自由。 ・自分勝手は、自分のことしか考えないで行動すること。　　　　　　　　　　　　　　　　など	・①隣同士でペアを組み、「自由」と「自分勝手」の立場に分かれて話し合いを行う。②その後、2組を指名し教室の前面で1組ずつ①と同様の話し合いを行う。③聞いていた児童は気付きの交流を行う。④立場を交代し①〜③を行う。 □自分の判断とその理由をノートに記述し、発表する。 ＊ノートへの記述や発言内容
展開後段	4.　自分の経験について話し合う ○自由だと思っていたけれど、自分勝手だと感じた場面はあっただろうか。 　　　　　　　②自己を見つめる ・友達と遊んだ時に、自分から「サッカーをしたい」と言って遊び始めたけどケンカになり、友達はサッカーをやりたくなかったと後から知った。 ・おばあちゃんと買い物に行って、「なんでも好きなものを買ってあげる」と言われ、とても高いものをおねだりした。　　　　　　　　　　など	□展開前段の話し合いを踏まえ「自由」と「自分勝手」の違いについて話し合う。 ＊ノートへの記述や発言内容 ■過去の自分の経験やその時の考え方と照らし合わせる。 □振り返ると自分勝手な行動であったことを話す。 ＊発言の内容
終末	5.　本時の振り返り ○3つのポイントで授業の振り返りをしよう。 ①「自由」や「自分勝手」について考えたこと ②友達の話から発見したこと ③これからの自分の行動についてのこと	■本時の学習について、3つのポイントを押さえノートに記述する。

図1　内容項目「善悪の判断、自律、自由と責任（A（1））」を扱った授業展開

【教材文の内容についての詳細】

　「修学旅行の夜」は、夕食後、部屋に帰ってから迷惑をかけないように静かにおしゃべりしようということに決まったわたしたちの班であったが、消灯後、はじめは話し声や笑い声が少し出ても班長や副班長の注意に従っていた状況から、そのうち注意も効き目がなく大声で注意する状況になる。次第に注意する側もしゃべりだし、見回りの先生が現れ注意を受けるが、それもつかの間、枕投げに発展し隣の部屋からの苦情が入る。その騒ぎを知った先生からわたしたちは叱られてしまう。班長としての責任、回りの人の行動、そして、自由や身勝手の違い等について考えるという内容の教材である。

注記

注1　竹内充人「道徳実践編　継続的な評価から見えてくることを大切に」『3観点の評価理論と実践 教室の窓 北海道版 Vol.28』東京書籍、2021年、20-23頁（＊2021年3月時点、帯広市立緑丘小学校教諭）

参考文献

1　楜澤実「"道徳科の目標に戻る"」(『3観点の評価理論と実践 教室の窓 北海道版 Vol.28』東京書籍、2021年)

終　章
自律的な「生き方」を創る 教師の姿勢

■1 学び続ける教師の省察

　子どもたちに、自律的な「生き方」を創るための資質・能力を育むためには、自律的な「生き方」を実践している教師でなければならない。絶えず自分自身の実践を振り返って見つめ直し、新たな自分づくりに向け学び続けている教師であるからこそ、児童生徒一人一人に応じた「生き方」への支援ができる。

　したがって、専門職としての教師の学びは、絶えず続くものであり、社会の状況を見極めながら柔軟に受け止め対応するためにも、絶えず研究と修養に努めなければならないのである（教員の研修の義務）。そして、その過程で大切なことはじっくりと自分自身のことを振り返り、事実を客観的に分析し、理論的な根拠や普遍的な実践方法を基に、高次の実践につなげていく省察が不可欠である。省察とは一般的に悪い点や失敗、期待外れの結果に対して使われることが多い反省とは異なり、現状からより良く発展させようとする成長過程として捉えられる。この省察は、多くの教師教育プログラムにおける基礎にもなっており、大変重要な行為と言える。

　教育や教師教育における省察概念の基礎となっているのがデューイの省察という概念である（注1）。デューイは、省察についてオープンな姿勢、責任、そうした行為や事柄に没頭して打ち込む心の3点を前提として挙げているが、その意味することは、以下のようなことである（注2）。

省察の前提

オープンな姿勢	問題を新たな方法や違った方法で考え、他の意見に積極的に耳を傾け、オルタナティブな視点に気を配り、反対意見に注意を払って聞くことができる能力
責任	物事や事象の理由を知ろうとすることであり、何かを信ずるに値する理由をしっかりと認識するために知的基盤を検証していくこと
行為や事柄に没頭して打ち込む心	人があるテーマまたは関心事に完全に熱中している際に現れるもの

＊ジョン・ロックラン監修・原著、武田信子監修・解説『J・ロックランに学ぶ教師教育とセルフスタディ』学文社、2019 年 77 頁より抜粋し筆者作成。

　省察的実践においては行為に対する省察が特に大切であり、意図的にこれらの態度の涵養を強調していくと実践のより深い理解につなげられるとし、省察的実践を効果的にする前提条件として、ジョン・ロックランは、以下の６つを挙げている（注3）。

省察的実践を効果的にする前提条件

> ・問題は問題として認識されなければ対応されない
> ・自らの実践の正当化は見かけの省察である
> ・経験だけでは学習を導かない－経験についての省察が極めて重要となる
> ・その問題を捉える別の視点も身につけていかなければならない
> ・言語化して表現されることが重要となる
> ・省察は専門職としての知識を開発していく

＊同上『J・ロックランに学ぶ教師教育とセルフスタディ』77-78 頁より抜粋し筆者作成。

　省察的実践については、教師教育という文脈で語られることが多い。つ

まり、これからの先行き不透明でありながら、加速度的に変化する社会の中で、時代を担う教師としての資質・能力のレベルアップを図るためには、絶えず省察しながら新しい視点を模索し、戦略を練りながら実践するという繰り返しが不可欠であり、これが成長していくプロセスと言える。

このような成長を通し、教師として自律的な「生き方」のできる力を培っているからこそ、児童生徒一人一人の自律的な学びの、そして、自律的な「**生き方**」を創るための支援をすることもできるのである。

2 セルフスタディの特徴を日常実践に生かす

教師として成長していくプロセスの理解を深めるための研究方法の一つに、セルフスタディがある。セルフスタディ（Self-study of teacher education practices）は、1992年アメリカ教育学会におけるトム・ラッセルやコルトハーヘンらによるディスカッションの中からスタートしたものである（注4）。質的であれ量的であれ、当事者（自分）の実践を素材とする研究のことであり、自分及び自分の関わる集団（協働する仲間や組織も含む）を対象として分析し、教えることについての知識を生み出すためになされる。日本でも、今後更に進んでいく研究であり、多いに期待されている。

セルフスタディの特徴については、ジョン・ロックランがラボスキーによる以下の4つ（170頁）を挙げ説明をしている（注5）。

この4つの特徴をもつセルフスタディを必要とするのは、教師教育者を目指す現場の教師（関係としては、例えば、経験豊富な教師と経験の浅い教師、大学の教師と学生等）であるが、この特徴は、児童生徒が学び方を改善するための教師の関わり方への示唆を与えてくれる。

つまり、児童生徒が、「自分自身の課題解決に向けた明確な目的を自覚できるようにすること」や「自分自身の振り返りに対して、教師が否定ではなく、妥協ではなく、批判的に介入し省察することにより、改善の根拠

セルフスタディの４つの特徴

1) 実践の改善を目的とすること	個人の経験を明示化し、自他による記録等を繰り返し読み込んで隠れたカリキュラムを探究し、妥協してきた点を確認しつつ、脚色されたストーリーや生のストーリーを分析し、よりよい実践を意識して目指すもの
2) 相互作用的、批判的な友人の介入があること	自分自身のナラティブな記録や実践記録等をもととして、安全な他者の視点を入れて研究を進める。つまり、メンターからの示唆を受けたり、生徒や学生の提出物を分析したりして、多面的なエビデンスを得ることが必要である
3) 多様な手法を用いること	質的研究であれ量的研究であれ、しっかりした研究手法を用いることが求められる。ただし、特定の研究手法を志向するものではなく、研究の方法論である。目的にあった研究手法を選択して用いる
4) 専門家コミュニティの構築をめざすこと	熟議、検討、判断を協働して行う専門家コミュニティ構築を目指して行われる研究である。個人のリフレクションは、個人の実践のみならず、教師教育機関のプログラム改革などの教育・学校文化上の重要な課題の認識をもたらすことにつながる

＊同上『J・ロックランに学ぶ教師教育とセルフスタディ』150頁より抜粋し筆者作成。

や具体策を理解すること」、「教師による弾力的な指導方法により、実践できること」である。そして、これらの取組を通して、「教師一人一人が、お互いの実践を省察し合い、課題及び解決策を共有し提案できるレベルにすること」である。

　セルフスタディを通して学び続け理論と実践の往還を図りながら、未来を生きる児童生徒一人一人が自律した**「生き方」**を創ることができるよう、教師としての高度な専門性を身に付けていくことを心から期待する。

注記

注1　Dewey, J.(1933). How We Think Lexington, Massachusstts: D. C. Health and Company.

注2　Loughran, J. J.(1996). Developing reflective practice: Learning about teaching and learning through modelling.London: Falmer Press.
ジョン・ロックラン監修・原著、武田信子監修・解説『J・ロックランに学ぶ教師 教育とセルフスタディ—教師を教育する人のために』77 頁。

注3　Loughran, J. J.(2002). Effective reflective practice: In search of meaning in learning about teaching. Journal of Teacher Education, 53(1), 33-43. 同『J・ロックランに学ぶ教師教育とセルフスタディ』77-78 頁。

注4　同『J・ロックランに学ぶ教師教育とセルフスタディ』149 頁。

注5　LaBoskey, V.(2004). The methodology of self-study and its theoretical underpinnings. In J. Loughran, M. L. Hamilton, V. k. LaBoskey, & T. Russell (Eds.), International handbook of self-study of teaching and teacher education practices（pp.817-870）. Dordrecht: Kluwer. 同注 3『J・ロックランに学ぶ教師 教育とセルフスタディ』150 頁。

参考文献

1　ジョン・ロックラン監修・原著、武田信子監修・解説『J・ロックランに学ぶ教師教育とセルフスタディ—教師を教育する人のために』学文社、2019 年。

2　梺澤実・西田めぐみ「教師及び教師教育者として振り返り自分を見つめるセルフスタディ実践研究—メモリードローイングを通して」2021 年、『釧路論集』27-39 頁。

3　梺澤実・川前あゆみ編著『自律的・協働的な学びを創る教師の役割』学事出版、2022 年

おわりに

自律的な「生き方」を
創るために

　混沌とした先行き不透明な現状に、大人のみならず子どもからも、時に不安や恐怖、時に嫌気、あるいは慣れるしかないという諦めにも似た感情を抱きつつ、「いつまで続くのか」という苛立ちのような声が聞こえてくる。国が出す情報に忠実に従うことに慣れている（慣れさせられているというのが適切かもしれない）私たちにとって、できることは、このような状況が過ぎ去るのをじっと待っていることだけなのだろうか。そうではあるまい。

　やはり、受動的、消極的に待ってばかりはいられないのである。判断や行動も、自律的に生きているかどうかによって変わってくる。自分の生き方は、最終的に自分が責任をもって創るのである。「教育」の意義は、他人任せではなく、全て言うなりに生きることを自然に選択するのでもなく、自分自身、主体的な人間として自律的にたくましく生きていく力を育むことにある。

　つまり、未来に生きる子ども一人一人に、どのような状況にあっても、

> 柔軟に対応し、自律的にたくましく生きていくことのできる力（資質・能力）を育むこと

が必要なのである。しかし、世の中の在り方も、社会構造も、そして教育も……、自律的な「生き方」を創っていく環境にあるのだろうか。毎年行われる大学入学のための試験を受ける学生の様子を間近に見ながら、

> 「教育とは、何だろうか」

と、いつも考えさせられるのである。社会にとって都合のよい人間を育てるために教育があるわけではないし、右へ倣えの上からの命令に忠実に従うための力を育むために教育するのでもないはずである。しかし、以前にも増してそのように見えてしまうのは、なぜなのだろうか。

> 「何かが、おかしい、変だ」

と耳元でずっと言われている気がしてならないのである。教育の世界も大胆に変わる時が、来ているのではないだろうか。

　筆者は、大学に入学した学生に4月当初の講義で、「これまでは、知識や技能を教えられ、たくさん詰め込んで覚えるということが中心の勉強だったと考えます。もちろん、基礎的な知識や技能等を否定するものではありません。しかし、これからの大学生としての学びは、自分から必要な情報を取りに行く、そして、考え取捨選択したものを知恵にしていく、学び方を学ぶということを大切にしてください。」と話す。学生から、「受験が終わった瞬間に、全ての知識が剝離していく」、「どんどん忘れる」、「受験のために努力してきた」、「もう試験のための勉強は、こりごりだ」、「こんなストレスの溜まる勉強は、本当の勉強ではない」等の本音や叫びを聞くと、これが「正常な声」であると納得できる。「小学校・中学校・高等学校等における12年あまりの君たちの勉強は、受動的で本当の勉強とは言えない。」などと、軽々しく指摘して終わることなどできないのである。逆に「そのようながんじがらめの勉強をしてきたのは、いや、させられてきたのは、君たちの責任ではない。そのような仕組、そして、それを煽り進めるマスコミや産業、それに従うしかない大人、挙げるときりがない。これから、大学生として自分自身の**生き方**を見つめ、体験を生かしながら多様な視点から思う存分考えるような学びを、そして、主体的に生きていく力を、これまでの分も含めて高めてほしい。」と、力説するのである。

　何をするにも、社会全体に蔓延している競争原理、ほんの僅かな違いに

よる勝ち負け、他との少しの違いに敏感になり周りに合わせる、権威ある人からの言うとおりに絶えず従う、あるいは、認められ恩恵を受けるために、様々な基準突破ばかりを考え行動せざるを得ないという現実に対して、批判的な目を向け、吟味することを大切にしたいのである。

　たとえば、筆者の現場経験の中でも、「お金はないけれど、知恵を使え」とよく言われたが、あれから、20年あまりが過ぎた。本当に、財政的に苦しい（？）根拠は、根拠として真実なのか？例えば、苦しいと言いつつ、一部の階層は、問題を犯しても、寝ていてもボーナスを必要以上にもらえる事実を目の当たりにする。我々は、何のために、誰のために働いているのか、税金は何のために使われているのかと疑わざるを得ない状況が、ここかしこであからさまに見えるのは、何なのか。もっと、おかしいことを「おかしい」と「変なこと」に「変だ」と感じたり、自由に発言したり、行動したりしてもよいのではないのか。しかし、何も言えず、行動できないのは、これまでの十数年間（あるいは数十年間）を、そのようなシステムの中で生活させられてきた結果だとすると、ある意味、そのような生活（教育）の成果と言えるのではないか。教育とは、方向性を間違えると恐ろしい結果につながるという典型ではないだろうか。

　自律的な「生き方」をするためには、世の中の様々な出来事や在り方について、子どもの頃から自分ごととして考え判断し、行動する習慣が必要である。未来の社会で活躍する子どもにとって、現実生活における様々な体験の中で起こる悩みや葛藤、課題等の解決に向け、感じ、考え、自分とは異なる他者と対話を通して協働しながら、一人一人がより良い「生き方」を見出していくことのできる教育が望まれる。

　道徳は、教科となり、しかも、「特別の教科　道徳」として、取り組まれている。ただし、教科に格上げされたから、教科として実施しなければならないから行うというのは、上から言われ強制されているのと何ら変わらない。だから、筆者は、敢えて**自律的な「生き方」を創る**ことを強調したいのである。当たり前のこととして、これまでも指摘されてきているが、

　自分が自分を生きる主体として、人間性や人格に関わる資質・能力としての道徳性を育み、その上で意欲的に行動し生きていくことのできる人間となるための道徳科や全教育活動を通じた道徳教育として取り組まれることが大切である。もちろん、道徳性や意欲的に生きる資質・能力は、家庭や地域における教育力が欠かせず、学校教育のみで養われるものではない。学校教育でできることをしっかりと行いたいということである。

　本書は、学校現場における取組が、子ども主体の取組になっているのか、限られた時間の中でどのような取組が可能なのか、何を重視したいのかという視点から考え、様々な道徳的価値の暗記ではなく、押しつけではなく、権威に従うのではなく、**自律的な「生き方」を創る**ために、少しでも貢献できたら幸いである。「堅苦しく、息苦しい世の中」を逆に好機とし、世の中の有り様を自分ごととして捉え、対話を通し批判的に考え、時に主張したり、行動に移したりできるような資質・能力を育む一助となることを願う。

　最後に、東洋館出版社編集部、畑中潤様、五十嵐康生様には特段のご配慮をいただき、ここに本書を刊行することができたことに、心より御礼を申し上げます。

2023 年 1 月 31 日

栩澤　実

著者紹介

椚澤　実（くるみさわ　みのる）

北海道教育大学釧路校准教授

北海道教育大学釧路校卒業、兵庫教育大学大学院修士課程修了

北海道教育委員会指導主事、公立小学校教頭、地方教育委員会指導室長、市教育研究所長、公立小学校長を経て現職。北海道教育大学へき地・小規模校教育研究センター委員。

学級経営、学校経営、道徳教育、教師教育を専門にしている。

著書には、『自律的・協働的な学びを創る教師の役割』（共編著・学事出版）、『学級経営の基盤をつくる5つの観点と15の方策』（共編著・学事出版）、『考える道徳を創る　小学校　新モラルジレンマ教材と授業展開』（共著・明治図書）、『教職教養講座　第6巻　道徳教育』（共著・協同出版）等がある。

自律的な「生き方」を創る道徳教育

2023（令和 5）年 5 月 16 日　初版第 1 刷発行

著　　者：栩澤　実
発 行 者：錦織圭之介
発 行 所：株式会社　東洋館出版社
　　　　　〒101-0054 東京都千代田区神田錦町 2 丁目 9 番地 1 号
　　　　　　　　　　　　　　　コンフォール安田ビル 2 階
　　　　　代　表　電話 03-6778-4343　FAX 03-5281-8091
　　　　　営業部　電話 03-6778-7278　FAX 03-5281-8092
　　　　　振　替　00180-7-96823
　　　　　Ｕ Ｒ Ｌ　https://www.toyokan.co.jp
印刷・製本：藤原印刷株式会社
装幀・本文デザイン：藤原印刷株式会社

ISBN978-4-491-05293-9　　　　　　　　　　Printed in Japan